GTB
Gütersloher Taschenbücher
996

Klaus Hösl

geb. 1956, Diplom-Psychologe

Dr. Sirko Kupper

geb. 1971, Diplom-Psychologe

Beide Autoren arbeiten als Therapeuten
in der Oberberg-Klinik Extertal-Laßbruch,
Schwerpunkt Alkoholabhängigkeit.

Klaus Hösl | Sirko Kupper

Beziehungskiller Alkohol

Hilfe für den Umgang mit Abhängigen

Gütersloher Verlagshaus

Originalausgabe

Die Deutsche Bibliothek – CIP-Einheitsaufnahme

Hösl, Klaus:
Beziehungskiller Alkohol: Hilfe für den Umgang mit Abhängigen /
Klaus Hösl; Sirko Kupper. –
Orig.-Ausg. – Gütersloh: Gütersloher Verl.-Haus, 1999
(Gütersloher Taschenbücher; 996)
ISBN 3-579-00996-6

ISBN 3-579-00996-6

Umschlaggestaltung: INIT, Bielefeld
Umschlagfoto: © IFA Bilderteam, Düsseldorf
Satz: Weserdruckerei Rolf Oesselmann GmbH, Stolzenau
Druck und Bindung: Clausen & Bosse, Leck
Gedruckt auf chlorfrei gebleichtem Werkdruckpapier
Printed in Germany

Widmung

Das Buch ist all jenen gewidmet, die seit vielen Jahren in Beziehungen zu einem alkoholabhängigen Partner stehen, insbesondere den Kindern alkoholkranker Eltern. Ihr Leiden ist still, verbunden mit Verzweiflung und Ohnmacht.
Die Angehörigen wissen häufig kein wirkungsvolles Mittel für den Weg aus diesem Dilemma.

Es gibt jedoch Möglichkeiten, diese Krankheit besser zu verstehen und sie zu bewältigen. Dadurch wird der Weg in ein lebenswertes Dasein geschaffen.

Die Autoren

Inhalt

Einleitung

> Gott gebe mir die Gelassenheit, Dinge hinzunehmen, die ich nicht ändern kann, den Mut, Dinge zu ändern, die ich ändern kann, und die Weisheit, das eine vom anderen zu unterscheiden.
>
> *R. Niebuhr (frei nach Epiktet)*

Die Alkoholabhängigkeit ist eine im Alltag schwer zu verstehende und schwer nachvollziehbare Erkrankung. Grundsätzlich verbreitet ist die Frage, ob Alkoholabhängigkeit überhaupt eine Krankheit ist. Die Beantwortung dieser Frage ist vielfach schwierig genug. Der Betroffene versteht nicht, wenn seine Umwelt zu ihm abweisend ist oder sich von ihm abwendet. Nur der Partner scheint häufig »gute Miene zum bösen Spiel« zu machen. In Wirklichkeit merkt mitunter der Betroffene, daß seine Trinkgewohnheiten unverstanden sind.

Was soll er zu seinem fehlgeleiteten Verhalten schon sagen? Er versteht es ja selbst nicht und kann es nicht erklären. Genau hier beginnt ein unangenehmer Kreislauf für den Alkoholkranken und für sein Umfeld. Er spürt, daß ihn viele Menschen in seiner Umgebung zunehmend mit Argwohn betrachten. Sein Partner ist unsicher, vielleicht sogar hilflos und findet keinen gangbaren Weg aus dem Dilemma. Der Betroffene fühlt sich meist schuldig. Er ahnt, daß Partner, Freunde und Bekannte gerne wissen möchten, welchen Wandel er vollzieht und welche Erklärung für sein Verhalten erforderlich ist. Gerade das kann er nicht. Er kann auch nicht aufhören zu trinken. Wenn er ein paar Stunden nichts getrunken hat, so möchte er die ganze Welt verändern und nimmt sich allerhand für die nächste Zeit vor. Er nimmt sich vor, was er alles anders machen möchte. Morgen, morgen, vielleicht auch übermorgen. Am Abend schon sind alle seine guten Vorsätze verblaßt. Er versetzt sich wieder in einen Rauschzustand. Am nächsten Morgen wiederholt sich das gleiche Szenario vom Vortag. Was gestern abend noch die angenehme wohlige Wärme in den Adern und die Wärme für die Seele war, ist heute kalter Schweiß. Er ist so enttäuscht von sich, daß er es gestern wieder nicht geschafft hat, mit dem Trinken aufzuhören. Gleichzeitig sucht er verzweifelt nach Antworten auf die Fragen des Partners.

Der Betroffene spürt, wie ihm abwechselnd heiß und kalt wird. Er schämt sich wegen seines Trinkens. Um das wegzuschieben, wird er am Abend wieder trinken müssen, und am nächsten Morgen werden wieder Selbstvorwürfe, Vorwürfe des Partners und Beschämung über das Trinken da sein. Ganz langsam und scheinbar unabänderlich verschlechtert sich die Beziehung zwischen beiden. Sie merken nur, daß sie nicht mehr so miteinander harmonieren wie früher. Sie finden nicht mehr richtig zueinander. Früher war alles anders und einfach. Jetzt ist alles kompliziert und nicht verständlich. Es war früher so viel besser, sagen sich beide.

Um noch etwas Gemeinsames miteinander zu haben, wird der Partner versuchen, dem Betroffenen Dinge abzunehmen, die diesem peinlich sind. Dies geht aber auch nicht über einen längeren Zeitraum. Irgendwann scheint die Kraft und auch die Liebe, die Nahrung und Motor für all das war, aufgebraucht zu sein. Es klappt plötzlich nichts mehr. Für den Partner bleibt nur noch Hilflosigkeit, Ohnmacht und Verzweiflung, weil seine Bemühungen keinen Wandel herbeiführen.

Wir möchten mit dem vorliegenden Büchlein eine Hilfe für alle jene bereitstellen, die sich in einer solchen scheinbar aussichtslosen Situation befinden. Mehr als einmal schon werden Sie sich gefragt haben: *Was kann ich nur tun? Wie konnte es nur dazu kommen? Warum gerade er, mein Bruder trinkt doch auch ziemlich viel Alkohol und kann doch immer wieder mit dem Trinken aufhören? Werden wir jemals wieder glücklich zusammenleben können?*

Auf alle diese Fragen und noch auf mehr werden in diesem Buch Antworten gegeben. Es geht in diesem Buch nicht um die wissenschaftliche Abhandlung des Alkoholismus. Es geht um Hilfestellungen, Bewertungsmöglichkeiten und Grundwissen für den Umgang mit Alkoholikern unter Verwendung von wissenschaftlichen Erkenntnissen und praktischen Erfahrungen.

Zunächst stellen wir die Grundzüge der Alkoholerkrankung, ihre wichtigsten Merkmale sowie ihre seelischen und körperlichen Anzeichen dar. Anschließend werden wir deutlich machen, wie es eigentlich dazu kommen kann, daß eine Abhängigkeitserkrankung entsteht. Dabei werden Vererbung, Kultur und Psychologie näher betrachtet. Im Kapitel 3 zeigen wir die Entstehung und den Verlauf der Erkrankung bei zwei Alkoholikern. Sie leben heute abstinent und führen zufrieden ein alkoholfreies Leben. Das 4. Kapitel wird schließlich Hilfen bereitstellen, um die Gefühle des Betroffenen und der Angehörigen besser zu verstehen. Wir werden erklären, wie der Bewältigungsversuch des Angehörigen zu einer eigenständigen Erkrankung werden kann. Wir werden zeigen, daß dies keine Erkrankung ist, in die der Alkoholiker seinen Partner getrieben hat. Vielmehr kommt da eine eigene Wesensart des Angehörigen zum Ausdruck, eine eigenständige Erkrankung mit eigenem Ausdruck und Möglichkeiten der Behandlung. In einem weiteren Unterpunkt des 4. Kapitels werden wir über den Rückfall in die alten Trink- und Verhaltensgewohnheiten sprechen. Rückfall und Abstinenz sind zwei Wesensmerkmale der Alkoholkrankheit. Die Möglichkeiten zur Behandlung der Alkoholerkrankung werden dann im einzelnen beschrieben und auch die Ergebnisse zur Stabilität der Erfolge nach vielen Jahren angegeben. Im letzten Abschnitt des vorliegenden Büchleins werden wir über die Notwendigkeit zur Selbsthilfe nach einer Therapie für die Alkoholkranken und die Angehörigen sprechen. Sämtliche Informationen, die hier zum Alkoholismus gegeben werden, finden sich zum Teil auch in vielen Fachbüchern wieder. Literaturverweise, die uns unverzichtbar erschienen, haben wir jeweils als Fußnoten angefügt.

Die Darstellungen zur Entstehung, zur Erscheinung und zum Umgang mit der Abhängigkeit basieren zum großen Teil auf eigenen Erfahrungen aus der Arbeit mit Betroffenen. Uns kam es darauf an, einen Leitfaden und Ratgeber für Angehörige zur Verfügung zu stellen, der kurz und knapp in erdenklicher Klarheit das facettenreiche Grundwissen zum Alkoholismus enthält und auch für den Umgang mit dieser schwierigen, wenig angesehenen Erkrankung Lösungen aufzeigt. Wir hoffen, recht vielen Angehörigen von Betroffenen mit dem Buch beratend helfen zu können.

Rinteln und Bielefeld,
im Sommer 1999

1. Alkoholabhängigkeit – Was ist das?

Es ist, was es ist.
Erich Fried

Ein junger Mann, dynamisch, braungebrannt, sympathisch in seinem Auftreten, steht an einer Theke inmitten vieler Menschen, mit viel Trubel um ihn herum, sichtlich gestreßt. Er greift zu einem Glas Bier, setzt es an seine Lippen, beginnt zu trinken. Jetzt setzt die Zeitlupe ein: Die Musik vermittelt Entspannung, Wohlgefühl, Loslassen, einfach »Sein-Können«, wie man ist. Kaum setzt er das Glas wieder ab, findet er sich in der angespannten, auf ihn einflutenden, ja fast feindlichen Wirklichkeit wieder. Er trinkt sofort wieder von dem Bier, erneut Zeitlupe, Entspannung, Lösung, Erleichterung.

»Das muß ja ganz toll sein, dieses Bier zu trinken«, denke ich mir, während ich diesen Werbespot sehe. Und das ist nicht der einzige, der heute abend im Fernsehen läuft, was Bier, Schnaps, Sekt oder allgemein Alkohol betrifft. Allein die Häufigkeit, mit der solche Werbespots gesendet werden, macht deutlich, wie verbreitet Alkoholkonsum in unserer Gesellschaft ist und welchen großen Stellenwert er besitzt. Alkohol scheint die Eintrittskarte in eine Welt voller Erfolg, Wohlstand, Geselligkeit und Freundschaft zu sein.

Es gibt kaum gesellschaftliche Ereignisse, die ohne Alkohol stattfinden. Geburtstagsfeiern, Hochzeiten, Betriebsfeiern, Arbeitsjubiläen, Vereinsfeste, ja sogar Staatsakte werden mit Alkohol »begossen und besiegelt«. Alkohol hat seinen festen Platz in unserer Gesellschaft. Italienischer Rotwein zur italienischen Pizza, Bier zum deftigen Schweinebraten, zuvor einen Sherry als Aperitif und schließlich zum Abschluß einen kleinen Kräuterbitter für die Verdauung.

Der Umgang mit Alkohol ist arglos. Man sollte meinen, daß Alkohol völlig ungefährlich ist, ein harmloses Getränk ohne Risiko.

Aber weit gefehlt: Alkohol ist eine Droge! – Ja, Sie haben richtig gelesen: Alkohol ist eine Droge, die abhängig machen kann!

Möglicherweise fragen Sie sich jetzt, wie das sein kann. »Ich trinke doch nur ab und zu mal ein Gläschen Wein, und das Bier zum Abendessen soll gefährlich sein?« Suchtfachkliniken sind voll von Frauen und Männern, die den Alkohol nicht mehr im Griff haben, sondern die der Alkohol im Griff hat. Diese Menschen mußten erkennen, daß sie im Laufe der Jahre alkoholabhängig geworden sind. Nach Schätzungen der Deutschen Hauptstelle gegen die Suchtgefahren e.V. gibt es in Deutschland mindestens 2 Millionen alkoholabhängige Menschen[1], die dringend einer Behandlung bedürfen.

1.1 Warum macht Alkohol abhängig?

Was wissen wir heute über den Alkohol, über seine abhängigmachende Wirkung? Wenn wir Alkohol trinken, so geht der Alkohol in das Blut über und wirkt auf unsere Organe ein. Er findet auf diese Weise seinen Weg zu unserer Leber, zu unserer Bauchspeicheldrüse, zu den Nieren, zu unserem Herzen und vor allen Dingen zu unserem Gehirn, der Steuerzentrale unseres Körpers. Wir merken dies am wärmenden Kribbeln im Magenbereich, an dem sich einstellenden beschwingten Gefühl, an dem Eindruck, daß die Gedanken frei fließen. Wenn wir mehr trinken, kommt es zunehmend zu Bewegungsschwierigkeiten, uns wird schwindelig. Wir tun uns schwer, deutlich zu sprechen, und müssen uns kräftig konzentrieren, um noch einigermaßen aufrecht gehen zu können. Dies sind alles Folgen des Alkohols, der über das Blut auf unser Gehirn einwirkt und dort verschiedene Hirnzentren beeinflußt bzw. lahmlegt. Unser Gehirn benötigt zur Übertragung der Nervensignale sogenannte Botenstoffe. Der Alkohol wirkt direkt auf diese Übertragung ein und behindert sie. Wenn immer wieder Alkohol getrunken wird, dann stellen sich unser Körper und unser Gehirn auf diese

1. Deutsche Hauptstelle gegen die Suchtgefahren e.V.: Alkoholismus. Eine Information für Ärzte. Hamm, 1991.

ständige Alkoholbelastung ein. Es werden nun von den verschiedenen Botenstoffen gerade soviel hergestellt, daß diese Übertragungsbehinderung wieder aufgehoben wird. Das Gehirn hat sich an den Alkohol gewöhnt. Auch mit Alkohol im Blut ist es nun möglich, sich unauffällig zu verhalten. Man kann auf einem geraden Strich am Boden korrekt entlanggehen und schwankt kaum. Das deutliche Sprechen macht keine Schwierigkeiten. Man »verträgt« einfach mehr.

Dies bedeutet aber auch: um die gleiche Wirkung wie früher zu erzielen, muß mehr Alkohol getrunken werden. Es kommt zu einer Steigerung der Trinkmenge, das Gehirn paßt sich weiter an, das Gleichgewicht der Botenstoffe wird noch stärker verändert. Der Teufelskreis in die Abhängigkeit hat begonnen. Was passiert nun, wenn an diesem Punkt der Alkoholzufluß versiegen würde? Die Botenstoffe sind in der Zwischenzeit so aus dem Gleichgewicht, daß die Übertragung der Nervensignale ohne Alkohol erheblich behindert ist. Das Gehirn hat sich an den Alkohol gewöhnt. Es benötigt den Alkohol, um Nervensignale überhaupt übertragen zu können. Das Gehirn braucht mehrere Wochen, vermutlich sogar Monate, um sich wieder auf die eigentlich normale Situation – nämlich die Übertragung von Nervensignalen ohne Alkohol – umzustellen. Das Gehirn verdeutlicht das dem Körper unumstößlich durch die Entzugssymptome: Zittern, Unruhe, Schwitzen, Hitzewallungen, Übelkeit und starkes Verlangen nach Alkohol. Dies wird oft als so unangenehm erlebt, daß man alles tut, um wieder Alkohol trinken zu können. Das Gehirn zwingt den Körper zum Alkoholtrinken.

Man spricht hier auch von der *körperlichen Abhängigkeit.* Der Körper hat sich so auf den Alkohol eingestellt, daß er ohne weitere Alkoholzufuhr aus dem Gleichgewicht gerät und wesentliche Funktionen nicht mehr erfüllen kann.

Daneben gibt es noch eine weitere Wirkung des Alkohols, die in die Abhängigkeit führt. Alkohol hat eine Reihe von Folgen, die durchaus positiv und angenehm erlebt werden. Alkohol entspannt, vermindert Angst, wirkt gegen Langeweile, betäubt Selbstvorwürfe, vermindert Schmerz, macht gesellig, baut Hemmungen ab, läßt

Probleme vergessen usw. Diese Wirkungen treten relativ rasch nach dem Trinken von Alkohol ein. Das ist gewissermaßen die »Belohnung« für die Alkoholaufnahme. Aus der Lernpsychologie ist bekannt, daß Verhalten, das belohnt wird, besonders gut gelernt wird und in der Zukunft verstärkt gezeigt wird. Dabei spielt es keine Rolle, daß mit dem Alkoholkonsum auch viele unangenehme Folgen verknüpft sind, wie z. B. Hirnschädigungen, Leberzirrhose, Herzerkrankungen, Bauchspeicheldrüsenentzündungen. Diese stellen sich erst viel später ein, oft erst nach Jahren, und sind daher dem gegenwärtigen Bewußtsein entzogen. Dann ist aber das Alkoholtrinken bereits so stark erlernt und in der Persönlichkeit verwurzelt, daß eine Abhängigkeit besteht.

Man spricht hier auch von *psychischer Abhängigkeit*, weil der Abhängige gelernt hat, in bestimmten Situationen Alkohol zu trinken. Er hat gelernt, daß er Alkohol braucht, um gesellig sein zu können, um Streß aushalten zu können, um funktionieren zu können.

An dieser Stelle wird deutlich, daß trotz des arglosen Umgangs mit Alkohol in unserer Gesellschaft Alkohol dennoch eine gefährliche Droge ist, die sowohl körperlich als auch psychisch abhängig machen kann.

1.2 Von der Gewohnheit zur Abhängigkeit

Lassen Sie uns jetzt den Weg in die Alkoholabhängigkeit genauer betrachten. Meist beginnt er harmlos, ganz unmerklich, und vollzieht sich oft schleichend und langsam. Manchmal beginnt er bereits in der Kindheit, wo unbesorgte Eltern ihren Kindern Alkohol wie Medizin verabreichen, z. B. erwärmtes Bier als Heilmittel gegen Erkältung oder ein wenig Schnaps oder Magenbitter bei Übelkeit usw. Diese Eltern wissen nicht, was sie tun: Das Kind lernt den Alkohol nicht als gefährliche Droge kennen. Statt dessen wird ihm ein recht sorgloser Umgang beigebracht, so als sei Alkohol eine bewährte Medizin, die sich bei allen Gelegenheiten einsetzen läßt, um Unwohlsein oder überhaupt unangenehme Gefühle aufzulösen.

Häufig wird die Rutschbahn in die Abhängigkeit in der Jugendzeit betreten. In der Gruppe der Gleichaltrigen muß sich der einzelne beweisen, zeigen, daß er ein Mann ist, frei nach dem Motto: »Ein richtiger Mann ist standfest und läßt sich nicht unterkriegen, schon gar nicht unter den Tisch trinken.« Der Jugendliche erlebt so die zunächst anregende Wirkung des Alkohols, ist heiter, lustig, gesprächig, zunächst vorhandene Hemmungen dem anderen Geschlecht gegenüber beginnen zu wanken, manchmal sogar ganz zu verschwinden. Und »man ist ja erwachsen, schließlich verträgt man Alkohol.« Diese zunächst angenehmen und erleichternden Erfahrungen mit dem Alkohol prägen. Und wie wir bereits im letzten Abschnitt gesehen haben, greift hier wieder die Lernpsychologie: *Nichts wird so gut gelernt wie das, was unmittelbar belohnt wird.* Die angenehme Wirkung des Alkohols ist eine Belohnung für das Trinken von Alkohol. Der Jugendliche lernt unwillkürlich, daß Geselligkeit und Alkohol untrennbar miteinander verknüpft sind; mit anderen Worten: »Keine Fete ohne Alkohol«, »Parties ohne Alkohol sind langweilig«, »Kein Alkohol? – Tote Hose!« usw.

Frauen betreten dagegen den Weg in die Abhängigkeit oft erst im Erwachsenenalter. Da auffälliges Trinken von Alkohol bei Frauen in unserer Kultur deutlich negativer bewertet wird, geschieht der Einstieg vorsichtiger und heimlicher als bei Männern.

Der amerikanische Forscher Prof. Jellinek hat bereits vor mehr als 40 Jahren die Entwicklung der Alkoholabhängigkeit ausführlich beschrieben[2]. Danach durchquert der Weg in die Abhängigkeit vier Bereiche: die Vorphase, die Anfangsphase, die kritische Phase und schließlich die chronische Phase.

In der *Vorphase* wird Alkohol in gesellschaftsverträglicher Form getrunken, zu geselligen Anlässen oder ab und zu am Abend ein Gläschen Wein zur Entspannung. Alkohol wird immer wieder dazu benutzt, sich einfach gelegentlich zu erleichtern. Bereits in dieser Phase beginnt die Gewöhnung des Körpers an den Alkohol. Langsam wird mehr Alkohol vertragen als früher, d.h. man braucht jetzt

2. Jellinek, E.M.: Phases of alcohol addiction. Quart. J. Stud. Alcohol. New Haven 13 (1952), 673-684.

etwas mehr Suchtstoff, um die gleiche Wirkung wie früher hervorrufen zu können. Suchtfachleute sprechen von sogenannter Toleranzerhöhung. Das wiederholte Erleichtern durch Alkohol führt dazu, daß die Konfliktbereitschaft immer mehr zurückgeht. Es ist gerade so, als würde man die Muskeln nicht mehr belasten. Genauso wie diese dann verkümmern, so verliert sich mit der Zeit die Fähigkeit, Streß, Belastungen, unangenehme Gefühle und Streitigkeiten auszuhalten. Der Betroffene wird zunehmend »dünnhäutiger«. Das Alkoholtrinken wird zu einer immer schnelleren Flucht vor »Frust«.

Nun geht die Reise gleitend in die *Anfangsphase* über. Die Zeit der Gewohnheit ist vorbei. In Gesellschaften wird deutlich, daß man zuviel trinkt. Um nicht abgewertet zu werden, versucht der Trinker, bei geselligen Trinkanlässen »normal« zu trinken, und fängt an, heimlich Alkohol zu sich zu nehmen, um nicht aufzufallen. Das Denken dreht sich schon häufiger um den Alkohol: »Ist genügend Bier oder Schnaps zuhause, reicht der Vorrat an Alkohol?« Hat er einmal ein paar Tage auf sein übliches Bier verzichtet, so trinkt er das erste Glas nach diesem Verzicht besonders gierig. Er merkt, daß er im allgemeinen zuviel trinkt. Schuldgefühle und ein schlechtes Gewissen stellen sich ein. Anspielungen auf sein übermäßiges Trinken wehrt er ab. Wird er auf sein auffälliges Trinkverhalten angesprochen, so blendet er es einfach aus, bagatellisiert es, oder er reagiert verärgert und gekränkt. In dieser Phase kommt es auch oft zu den ersten Gedächtnislücken. Plötzlich fehlt die Erinnerung an einzelne Episoden vom Vorabend. Wie man nach Hause gekommen ist, bleibt im Dunkel der vergangenen Nacht verborgen.

Die *kritische Phase* beginnt, wenn der Trinker die Schuld für das immer weiter entgleitende Alkoholtrinken in seiner Umwelt sucht. Dadurch wird er leicht aggressiv, wenn Dinge nicht so laufen, wie er sich das vorstellt. Seine Probleme mit dem Alkohol werden offensichtlich. Sie lassen sich nicht mehr so ohne weiteres verheimlichen. Es kommt vermehrt zu Ermahnungen oder Warnungen des Ehepartners, der Arbeitskollegen oder seiner Freunde. Der Trinker erlebt das als sehr bedrohlich und reagiert darauf zunehmend verärgert. Daher zieht er sich von seinen Freunden und Bekannten immer mehr zurück. Er ersetzt sie häufig durch seine »Trinkkumpane«, vereinsamt aber letztlich. Oft verkündet der Trinker, daß er ohne weiteres auch auf den Alkohol verzichten könnte. Er gibt Scheinerklärungen für seinen auffälligen Alkoholkonsum ab und versucht, sich dadurch von seinen Schuldgefühlen zu entlasten, die immer stärker in den Vordergrund treten und immer öfter selbst zu einem weiteren Grund werden, dem Alkohol zu frönen. Viele frühere Interessen, die mit Alkohol nichts zu tun haben, verlieren ihre Anziehungskraft. Gleichgültigkeit stellt sich ein, sie betrifft auch die Sexualität. Die sexuelle Lust nimmt ab. Bei Männern kommt es häufig zu Impotenz. Der Alkohol wird zum Mittelpunkt des Lebensinteresses.

Der Gedanke, plötzlich keinen Alkohol mehr zur Verfügung zu haben, löst starke Angst aus. Daher wird ein Alkoholvorrat angelegt. Oftmals werden die Vorräte versteckt, damit besorgte Angehörige ihm den Alkohol nicht wegnehmen können. In dieser Phase werden die ersten Kontrollverluste sichtbar. Wenn der Alkoholabhängige zum Beispiel mit einem Glas Wein anfängt, so kann er plötzlich nicht mehr mit dem Trinken aufhören. Er trinkt dann exzessiv unter Umständen den ganzen Alkoholvorrat auf. Bier, Wein, Schnaps, alles was verfügbar ist, wird geleert, bis zum Zusammenbruch im Rausch. Der Alkoholabhängige hat die Kontrolle über sein Alkoholtrinken verloren. Dies ist für ihn sehr beängstigend.

Deshalb versucht er immer wieder, keinen Alkohol mehr zu trinken. Dies gelingt ihm auch manchmal über einige Tage. Dann beginnt das Trinken wieder von neuem. Er erlebt sich dann als haltlos und fängt an, um seine Selbstachtung zu kämpfen. Daher versucht er es mit Trinksystemen. Er nimmt sich vor, erst ab dem Abendessen mit dem Biertrinken zu beginnen. Doch es ist schon zu spät für solche Kontrollversuche. Das Abendessen wird nach vorne geschoben: »Einmal kann ich ja auch schon zum Mittagessen anfangen, und überhaupt, ich habe ja alles im Griff! Wer will mir das eigentlich verbieten, daß ich mir heute zum Vormittag einen kleinen Anwärmer genehmige?«

In kürzester Zeit ist der Alkoholabhängige wieder bei seinem alten Trinkmuster. In dieser Phase beginnen viele Alkoholabhängige damit, bereits morgens Alkohol zu trinken, um den Tag zu überstehen. Die Alkoholabhängigkeit ist jetzt bereits ausgeprägt. Ein Zurück zum kontrollierten Trinken gibt es nicht mehr.

In der nun folgenden *chronischen Phase* prägt sich die Alkoholabhängigkeit weiter aus. Durch die langjährige permanente Belastung des Körpers mit dem Zellgift Alkohol erlahmt der Organismus. Er verträgt nicht mehr soviel Schnaps und Bier wie früher. Es treten immer deutlichere Konzentrationsschwierigkeiten auf. Er ist nicht mehr so flexibel wie früher, auch Gedächtnisprobleme werden offensichtlich. Morgendliches Zittern der Hände und Nachtschweiß werden zur Regel. Diese Entzugssymptome bekämpft der Alkoholabhängige durch erneutes Trinken. Damit ist er im Teufelskreis seiner Sucht gefangen. Von den Folgen seiner Sucht entlastet er sich durch den Alkoholkonsum, der aber nur vorübergehende Erleichterung bringt. Feine Fingerbewegungen kann der Alkoholabhängige oft nur noch erfolgreich meistern, wenn er vorher einen Schluck Alkohol zu sich genommen hat.

Der Alkoholkonsum verteilt sich zunehmend über den gesamten Tag. Auch Rauschzustände über mehrere Tage sind keine Seltenheit mehr. Der Alkoholabhängige gibt in dieser Phase seine moralischen Wertvorstellungen auf und zeigt nun bisher bei ihm unbekannteVerhaltensweisen. Er lügt, stiehlt und beginnt Bekanntschaften mit Leuten weit unter seinem sozialen Niveau. Es treten ernste psychische Probleme auf, von starken Ängsten über tiefe Depressionen bis hin zu Selbstmordversuchen. Auch Krampfanfälle sind keine Ausnahme. Bei einigen Alkoholabhängigen kann in diesem Stadium der Sucht auch das *Delirium tremens* auftreten. Es handelt sich dabei um eine lebensbedrohliche Erkrankung mit starker Angst und großer Unruhe. Hierbei kommt es zu Halluzinationen, wo zum Beispiel weiße Mäuse, gefährliche Spinnen, unheimliches Kleingetier und andere bedrohliche Sachen und grauenvolle Ereignisse gesehen werden. Wenn das Delirium tremens nicht behandelt wird, führt es bei etwa 20% der Kranken zum Tod.

Dies ist der allgemeine Verlauf, die häufig zu beobachtende Entwicklung in die Alkoholabhängigkeit, so wie sie der amerikanische Forscher Prof. Jellinek beschrieben hat. Es ist aber nicht so, daß sich bei jedem Alkoholabhängigen die Sucht genau nach diesem Muster vollzieht. Es gibt hier große Unterschiede zwischen den einzelnen. Es kann zu wirklich extrem aggressivem Verhalten kommen, bei anderen wieder treten stärker die Schuldgefühle und das Rückzugsverhalten in den Vordergrund. Auch die Zeitdauer, über die sich diese Entwicklung der Abhängigkeit erstrecken kann, ist sehr unterschiedlich. Im Durchschnitt liegt sie etwa bei 8 bis 12 Jahren. Und doch gibt es Alkoholabhängige, die bereits nach einem halben Jahr exzessiven Alkoholtrinkens in die Abhängigkeit abgerutscht sind, bei anderen wieder hat es fast 20 Jahre gedauert. Jeder Alkoholabhängige hat seine eigene, persönliche Geschichte. Das macht es so schwierig, genau zu erkennen, ob der Partner eventuell auf dem Weg in die Alkoholabhängigkeit ist.

1.3 Was geschieht mit den Angehörigen?

Der Weg in die Alkoholabhängigkeit hat erhebliche Auswirkungen für die Angehörigen des Betroffenen. Der Alkoholabhängige wird unberechenbar, gibt Verantwortung ab, projiziert seine eigenen Schuldgefühle in seine Umgebung. Für die *Kinder* bedeutet das oft, daß sie in steigender Unsicherheit aufwachsen. Es findet zunehmend ein Rollentausch statt, wobei die Kinder dem alkoholkranken Elternteil gegenüber Verantwortung übernehmen und der alkoholkranke Vater oder die alkoholkranke Mutter dem Kind gegenüber selbst zum Kind wird.

Das hat erhebliche Konsequenzen für die Entwicklung des Kindes. Der alkoholkranke Elternteil kann seine Rolle als Vater oder Mutter nicht ausfüllen. Die Erziehung der Kinder leidet erheblich. Es kann zur Verwahrlosung, ja bis zur Straffälligkeit der Kinder gehen. Häufig bleibt das Leiden der Kinder unerkannt. Sie äußern es nicht laut. Statt dessen wirken sie oft sehr reif und verantwortungsbewußt, eben wie kleine Erwachsene. In ihrem Inneren sind sie aber voller Schuldgefühle, erleben sich selbst als verantwortlich für die Probleme ihres alkoholkranken Elternteils, versuchen möglichst keinen Anlaß für den nächsten Trinkexzeß oder Streit zu geben. Sie begreifen sich als Ursache der Alkoholabhängigkeit ihres Vaters oder ihrer Mutter. Sie haben den Eindruck, daß ihr Vater oder ihre Mutter die Probleme nicht hätte, wenn sie als Kind anders oder überhaupt nicht da wären. Kinder von alkoholabhängigen Eltern erleben immer wieder, daß ihre Gefühle als falsch und nicht berechtigt hingestellt werden. Wenn sie unangenehme Gefühle wie Ärger, Wut, Ekel, Angst oder Traurigkeit äußern, dann werden sie von ihren alkoholalbhängigen Eltern als »überempfindlich« bewertet. Dies behindert die gesunde Entwicklung eines Kindes. Es kann Vertrauen in seine eigenen Gefühle nicht aufbauen. Außerdem wird die Szenerie dadurch weiter verschärft, daß das Kind in seinem alkoholkranken Elternteil ein beeinträchtigtes Vorbild für den Umgang mit Beziehungen und Gefühlen erlebt. Die Folgen der Alkoholabhängigkeit eines Elternteils sind für dessen Kinder also enorm.

Der *Ehepartner* leidet ebenfalls mit. Je mehr sich sein alkoholabhängiger Partner aus der Verantwortung zieht, um so mehr bleibt der Ehepartner auf sich gestellt. Er fühlt sich oft im Stich gelassen und allein. Die »Schwäche« des einen erfordert die »Stärke« des anderen. Die Beziehung wird immer belastender. Die Stimmungen werden zunehmend zwiespältig. Die innere Zerrissenheit wächst. Gefühle wie Wut, Verlassensein und Angst beherrschen immer mehr den Alltag. Daneben stehen die Erinnerungen an frühere, bessere Zeiten im Zusammenleben mit dem alkoholkranken Ehepartner und das ständige Hoffen, daß es wieder so wird wie früher. Der Angehörige fühlt sich einer zunehmenden Überforderung ausgesetzt. Man will es lange Zeit nicht wahrhaben, daß der Ehepartner alkoholkrank ist. Die Symptome des Ehemannes oder der Ehefrau sprechen aber eine immer deutlichere Sprache: offensichtliches heimliches Trinken, zunehmende »Dünnhäutigkeit«, die großen Mengen an Alkohol, die der kranke Ehepartner trinkt, zitternde Hände, Nachtschweiß, vermehrtes Fernbleiben vom Arbeitsplatz usw.

Jetzt versucht der Angehörige seinem alkoholabhängigen Partner zu helfen. Es tauchen Schamgefühle für den kranken Partner auf. »Er soll ein ›Säufer‹ sein? Was sollen Nachbarn und Freunde von uns halten?« Also verdeckt und bagatellisiert man nach außen die Alkoholabhängigkeit des Partners. Nach innen wird häufig versucht, zunächst oft mit viel Verständnis und Wohlwollen, den Partner zum Aufgeben des Alkoholtrinkens zu bewegen. Dies führt aber fast immer zu lautstarken Auseinandersetzungen mit ihm. Der alkoholabhängige Partner wird als »verbohrt« und uneinsichtig erlebt. Manchmal macht er auch angst und wird sogar aggressiv. Als Ehefrau oder Ehemann eines Alkoholkranken fühlt man sich häufig mißverstanden, ausgenutzt, alleingelassen und wird zunehmend unzufrieden in der Beziehung. Manchmal verspricht der alkoholkranke Partner, nichts mehr zu trinken oder sein Trinken einzuschränken. Aber man muß dann oft feststellen, daß er ein paar Tage später mit einer Alkoholfahne nach Hause kommt. Man fühlt sich als Angehöriger betrogen, das Mißtrauen wächst. Der alkoholkranke Ehepartner wird immer unzuverlässiger. Man kann sich auf ihn oder sie nicht mehr verlassen. Man zweifelt an der Liebe des Alkoholkranken und erlebt sich selbst als hilflos. Man weiß nicht mehr ein noch aus. Viele Angehörige bleiben in diesem Stadium oft lange Jahre stecken. Sie erdulden ausdauernd das Leid, welches die Alkoholabhängigkeit ihres Partners bringt. Es geht ihnen ähnlich wie den Kindern. Sie fühlen sich schuldig für eine Ehe, die nicht funktionieren will. Es wird deutlich, wie stark und umfassend die Alkoholabhängigkeit in die verschiedenen Beziehungen zu anderen Menschen hineinwirkt.

1.4 Die Co-Abhängigkeit der Angehörigen

Die Alkoholabhängigkeit führt zu krankmachenden Beziehungen. Dem Angehörigen bleibt oft nur die Wahl zwischen Trennung und Co-Abhängigkeit.

Was bedeutet Co-Abhängigkeit? Was ist das? Co-Abhängigkeit heißt nicht, daß man als Angehöriger eines Alkoholabhängigen auch alkoholabhängig wird oder ist. Co-Abhängigkeit führt auch nicht dazu, daß der Partner dadurch erst alkoholabhängig geworden ist. Als Faustregel kann man sich folgendes merken: *»Wenn ich mich* *so verhalte, daß ich den suchtkranken Partner in seiner Abhängigkeit verstärke, dann bin ich co-abhängig.«* Einige wichtige Beispiele sollen das veranschaulichen:

- Dem alkoholabhängigen Partner *Belastungen abnehmen*: Durch dieses Verhalten mildert man die unangenehmen Konsequenzen der Alkoholabhängigkeit ab. Dadurch wird die Einsicht und die Motivation des Alkoholabhängigen, etwas zu verändern, sich professionelle Hilfe zu holen und sich in Therapie zu begeben, nur hinausgezögert. Außerdem macht dieses Verhalten den Alkoholabhängigen schwächer, als er in Wirklichkeit ist.
- *Entschuldigen von Fehlverhalten* des alkoholabhängigen Partners: Damit wird dem alkoholabhängigen Partner die Botschaft vermittelt, daß man ihn vor der bösen Welt bewahren müsse. Man beraubt ihn so der Konsequenzen seines Fehlverhaltens. Aber gerade das Erleben von Konsequenzen ist sehr wichtig für den Alkoholabhängigen. Er erkennt sonst erst viel später seine Abhängigkeit. Vielleicht ist es dann bereits zu spät, um noch eigene Schritte einleiten zu können.
- *Verheimlichen und Verdecken* der Alkoholabhängigkeit des Partners: Hier zeigt der Angehörige genau das gleiche Verhalten wie der Alkoholabhängige selbst. Er bagatellisiert, verheimlicht und kehrt unter den Teppich. Damit gibt er dem alkoholabhängigen Partner das Gefühl, daß er sich ganz normal verhält und sein Trinken eine Bagatelle ist. Sein Trinken wird indirekt unterstützt und seine Motivation, etwas gegen das Trinken zu tun, gleichzeitig abgeschwächt. Außerdem behindert man sich als Angehöriger eines Alkoholkranken selbst dabei, sich in den eigenen Problemen wegen der Alkoholabhängigkeit des Partners anderen gegenüber zu öffnen und sich zur eigenen Stützung von außen Hilfe zu holen.
- *Verantwortung* für den alkoholkranken Partner *übernehmen*: Ein folgenschwerer Fehler ist, den alkoholabhängigen Partner noch zu bestärken: »Es ist alles gut, ich beschütze dich vor allem Unheil!« Es ist wichtig, daß der Alkoholkranke immer wieder auf seine Eigenverantwortung zurückgeführt wird. Nur so wird er mit der Zeit sein Kranksein erkennen.

- *Mittrinken* mit dem alkoholabhängigen Partner: Das ist offensichtlich der falsche Weg. Es wird die Botschaft vermittelt, daß sein Alkoholtrinken in Ordnung sei. Damit verstärkt sich das abhängige Verhalten des suchtkranken Partners.
- *Sich stark fühlen*, weil der alkoholabhängige Partner »schwach« ist: Hier braucht man die Alkoholabhängigkeit seines Ehepartners, um sich wohl zu fühlen. Sie dient zur Ablenkung von den eigenen Schwierigkeiten. Das Selbstbewußtsein ist vielleicht so gering, daß man sich durch aufopferndes, helfendes Verhalten dem alkoholabhängigen Partner gegenüber immer wieder selbst bestätigen muß. Auch das ist Co-Abhängigkeit, weil damit der Ehepartner in seiner Alkoholabhängigkeit festgehalten wird.

Co-abhängiges Verhalten geschieht nicht willentlich. Es ist eine Reaktion auf die Alkoholabhängigkeit des Partners. Oft erkennt man überhaupt nicht, daß durch das eigene Verhalten die Abhängigkeit des Partners noch verstärkt wird. Die Co-Abhängigkeit ist meistens nicht bewußt. Bei einem alkoholabhängigen Partner ist es daher um so wichtiger, sich selbst als Angehörigen ehrlich zu fragen: »Wo bin ich in meinem Verhalten dem Alkoholabhängigen gegenüber co-abhängig?« Oft findet man die Antwort in Selbsthilfegruppen für Angehörige von Alkoholabhängigen. Aber darauf werden wir später noch einmal zurückkommen.

1.5 Alkoholabhängigkeit ist eine Krankheit

Die Alkoholabhängigkeit führt erfahrungsgemäß zu einer Reihe von erheblichen Folgeerkrankungen. Sie ist begleitet von äußerst unangenehmen Entzugssymptomen und von psychischen Störungen wie zum Beispiel den depressiven Verstimmungen. Hirnschädigungen mit teilweise deutlichen Verminderungen der Intelligenz und epileptische Anfälle treten ebenfalls zahlreich auf. Eine Schädigung der Körpernerven, häufig in Händen und Beinen, hat zur Folge, daß zunächst Zehen und Finger gefühllos werden. Diese Gefühllosigkeit und Taubheit breitet sich immer weiter aus, bis schließlich die Beine und Arme insgesamt betroffen sind. In diesem schweren

Stadium treten vielfach auch Lähmungen auf. Manchmal kann dann der Alkoholabhängige nur noch mit Krücken gehen oder ist sogar auf den Rollstuhl angewiesen. Störungen der Leber, der Bauchspeicheldrüse, des Magens und des Darms, Störungen am Herzmuskel und jahrelanger Bluthochdruck bis hin zu lebensbedrohlichen Schlaganfällen sind keine Seltenheit.

Die Konsequenzen in der Familie sind unabsehbar. In den meisten Fällen zerbrechen die Ehen, die Kinder sind psychisch gestört, der Arbeitsplatz geht verloren, und die finanzielle Sicherheit ist nicht mehr gewährleistet. Der soziale Abstieg ist vorprogrammiert. All diese Folgeerkrankungen zeigen das gesamte Ausmaß der Alkoholkrankheit auf und machen deutlich, daß wir es hier mit einer sehr ernstzunehmenden Erkrankung zu tun haben. Der Suchtkranke, wenn er diese Folgen erkennt, ist bereits so weit seiner Sucht verfallen, daß er alleine nicht mehr fähig ist, einfach mit dem Trinken aufzuhören, auch mit dem stärksten Willen nicht. Denn es ist jetzt keine Frage des Willens mehr, es hat auch nichts mit Haltlosigkeit des suchtkranken Menschen zu tun. Er hat jetzt seine Fähigkeit verloren, das Alkoholtrinken zu kontrollieren. Er ist nicht mehr zur Abstinenz aus eigener Kraft fähig. Er muß weitertrinken, ob er will oder nicht, obwohl er alle diese extremen Folgen seiner Alkoholabhängigkeit spürt. Wenn die Alkoholerkrankung nicht gestoppt wird, dann werden die Folgeerkrankungen immer schlimmer, bis sie schließlich in den Tod führen.

Nicht zuletzt deshalb wurde die Alkoholabhängigkeit in Deutschland 1968 durch ein Urteil des Bundessozialgerichts als Krankheit anerkannt, so daß in der Zwischenzeit die meisten Versicherungen die Behandlungskosten übernehmen. Wir können also festhalten: *Die Alkoholabhängigkeit ist eine Erkrankung, die unbedingt fachkundig behandelt werden muß, ansonsten führt sie in den Tod.* Selbstbehandlungen sind in der Regel erfolglos und dienen nur der Selbsttäuschung.

Was sind denn nun eigentlich die Besonderheiten der Alkoholerkrankung? Wenn wir an die ganz normalen Krankheiten denken, so fallen uns meistens Krankheiten wie Erkältungen, Schnupfen, Husten usw. ein, alles Krankheiten, die plötzlich auftreten können, ansteckend sind und uns nach ein paar Tagen oder Wochen wieder zufrieden lassen. Sie sind dann von Körper und Geist bewältigt worden. Bei der Alkoholabhängigkeit treffen genau diese Eigenschaften nicht zu. Sie beginnt schleichend und nicht plötzlich, sie entwickelt sich oft über einen Zeitraum, der mehrere Jahre umfaßt, ohne daß der Betroffene oder seine Angehörigen dies merken. Die Alkoholabhängigkeit ist selbstverständlich nicht ansteckend wie Grippe oder andere Infektionskrankheiten, und vor allen Dingen: sie verschwindet nicht mehr. Wenn sie sich einmal ausgebildet hat, dann bleibt sie bis zum Lebensende bestehen. Es handelt sich also um eine chronische Erkrankung. Daher läßt sie sich noch am ehesten mit anderen Krankheiten dieser Art vergleichen, wie zum Beispiel mit der Zuckerkrankheit oder dem Herzinfarkt. Sie verlaufen schubweise, d.h. es kann zu akuten Verschlechterungen des jeweiligen Zustandes kommen. Beim Herzinfarkt kann sich z.B. ein erneuter Herzinfarkt ausbilden. Man spricht dann auch von einem Rückfall. Bei einer bestimmten Form der Zuckerkrankheit finden diese Schübe oft statt, wenn die nötige Diät nicht eingehalten wird, ganz ähnlich wie bei der Alkoholabhängigkeit. Wurde sie erfolgreich gestoppt, so daß der Alkoholabhängige jetzt eine entsprechende »Diät« einhält, nämlich abstinent lebt und so auf Alkohol in jeder Form verzichtet, so kann es doch zu Rückfällen kommen und die Alkoholabhängigkeit dadurch weiter fortschreiten, bis die Abstinenz wieder hergestellt wird.

Die Behandlung der Alkoholerkrankung kann also nicht auf das Ziel ausgerichtet sein, die Erkrankung zu heilen. Das geht bei einer chronischen Erkrankung nicht. Vielmehr ist das Ziel einer Behandlung, die Krankheit so zu bewältigen, daß man mit ihr dennoch ausgefüllt leben kann. Für die Alkoholabhängigkeit bedeutet dies, abstinent zu leben. In unserer Gesellschaft werden chronische Erkrankungen wie z.B. der Herzinfarkt als solche akzeptiert. Die Alkoholerkrankung dagegen ist von einer gesellschaftlichen Anerkennung noch weit entfernt. Oft wird sie sehr negativ bewertet, der Alkoholkranke oft als willensschwach, haltlos oder sogar als »Säufer« bezeichnet. Daß er ähnlich wie ein Herzkranker an einer chronischen Erkrankung leidet, fällt vielen Menschen in unserer Gesellschaft noch schwer zu begreifen. Diese gesellschaftliche »Ächtung« unterscheidet die Alkoholabhängigkeit deutlich von anderen Erkrankungen und macht es dem Alkoholabhängigen und seinen Angehörigen besonders schwer, die bei chronischen Erkrankungen so bedeutsame Krankheitsakzeptanz zu entwickeln. Wichtig ist außerdem, daß die Alkoholabhängigkeit nicht nur den Körper, sondern vor allem die Psyche, die Seele und das Verhalten des Erkrankten betrifft. Die Behandlung erstreckt sich deshalb sehr viel mehr auf die Psyche. Mit Medikamenten läßt sich die Alkoholabhängigkeit nicht in den Griff bekommen. Ein passives »Sich-behandeln-Lassen« reicht nicht aus. Aktive Mitarbeit und intensive Auseinandersetzung mit sich selbst sind wesentliche Anforderungen an den Betroffenen, wenn er sich in eine Behandlung begibt.

Wer ist denn nun ein Alkoholiker? Wann genau ist jemand alkoholabhängig? Die Mengen, in denen Alkohol oft getrunken wird, legen den Verdacht nahe, daß sehr viele Leute alkoholkrank sein könnten. Aber die Menge macht es nicht. Auch wenig Alkohol, aber regelmäßig über Jahre getrunken, *kann* Abhängigkeit zur Folge haben. Genauso gut gibt es viele Personen, die relativ viel Alkohol auch über Jahre getrunken haben, aber nicht alkoholabhängig geworden sind. Ganz allgemein kann man dann von Alkoholabhängigkeit sprechen, wenn die Kontrolle über das Alkoholtrinken verlorengegangen ist.

Nach dem bekannten amerikanischen Suchtforscher Prof. Jellinek lassen sich mehrere Typen der Alkoholabhängigkeit unterscheiden[3]. Zwei davon werden bis heute als wesentlich betrachtet: der *Gamma-Trinker* und der *Delta-Trinker*.

Der Gamma-Trinker zeigt sogenanntes »Kontrollverlusttrinken«. Er hat zwar Phasen, in denen er nichts oder auch nur wenig trinkt. In mehr oder weniger unregelmäßigen Abständen kommt es zu sehr starkem Alkoholkonsum, welcher außer Kontrolle gerät. Er trinkt dann bis zum Rausch, oft bis zur physischen Erschöpfung. Da dieser Alkoholabhängige immer wieder Phasen erlebt, in denen er nichts

3. Jellinek, E.M.: The disease concept of alcoholism. New Haven: College and University Press/Hillhouse Press, 1960.

oder nur wenig trinkt, klammert er sich lange Zeit an diese Pseudokontrolle und bagatellisiert die immer wieder auftretenden Kontrollverluste.

Der Delta-Trinker dagegen konsumiert regelmäßig über den Tag verteilt seinen Alkohol. Zeiten ohne Alkohol gibt es für ihn nicht. Ihm geht es darum, einen möglichst gleichbleibenden Alkoholspiegel im Körper aufrechtzuerhalten. Da er kaum bis zum Rausch trinkt, ist er in seinen Konsumgewohnheiten lange Zeit sozial nicht auffällig. Er leidet an »Abstinenzverlusttrinken«. Er kann zwar die Alkoholmenge auf den Tag verteilen, er kann aber nicht das Alkoholtrinken vollständig einstellen. Da dieser Alkoholabhängige keine Trinkexzesse erlebt und sich als jemand erfährt, der sich den Alkohol einteilen kann, klammert er sich ebenfalls lange Zeit an diese Pseudokontrolle und bagatellisiert so den vorhandenen Abstinenzverlust.

Bei beiden Formen der Alkoholabhängigkeit können wir das wesentliche Merkmal der Suchterkrankung erkennen, nämlich die verlorengegangene Kontrolle über den Alkohol. Gibt es auch noch andere Merkmale der Alkoholabhängigkeit? Die Weltgesundheitsorganisation (WHO) listet für die Alkoholabhängigkeit acht Merkmale auf[4]. Wir haben sie anhand der folgenden Checkliste zusammengestellt, so daß Sie selbst entscheiden können, inwieweit diese Merkmale bei Ihnen selbst bzw. bei Ihrem Angehörigen zutreffen.

Wenn von diesen acht Merkmalen mindestens drei zutreffen, dann liegt eine Alkoholabhängigkeit vor. Berücksichtigen Sie dabei, daß es nur bei sorgfältiger Ehrlichkeit sich selbst und seinem Angehörigen gegenüber möglich ist, eine vielleicht vorliegende Alkoholabhängigkeit zu erkennen. Auch für Fachleute ist es nicht einfach, Alkoholabhängigkeit mit einem einfachen kurzen Gespräch sicher festzustellen. Hierzu ist viel Erfahrung, Fachkompetenz und eine intensive Diagnose unumgänglich. Wenn Sie den Eindruck haben,

4. Weltgesundheitsorganisation: Internationale Klassifikation psychischer Störungen. ICD-10 Kapitel V (F) Klinisch-diagnostische Leitlinien. Herausgegeben von Dilling, H., Mombour, W., Schmidt, M.H., Huber, Bern 1995

daß bei Ihnen selbst oder bei Ihrem Angehörigen eine Alkoholabhängigkeit vorliegt, dann sollten Sie sich nicht scheuen, sich vertrauensvoll an kompetente Fachleute zu wenden. Auch dann, wenn Sie nur ein oder zwei dieser Merkmale bei sich selbst oder bei Ihrem Angehörigen finden können, ist der Weg zu Ihrem Arzt wichtig und richtig. Gerade als Laie ist es leicht möglich, diese acht Punkte nicht zu erkennen und sie statt dessen zu übersehen. Dann kann der Eindruck entstehen, daß keines dieser Merkmale zutrifft. Um wirklich sicherzugehen, sollten Sie auch dann Fachleute aufsuchen. Schließlich geht es hier nicht um irgendeine leichte Erkältung oder eine Bagatelle, sondern um eine ernste chronische Erkrankung, die bei Nichtbehandlung tödlich endet.

Checkliste: Woran erkenne ich Alkoholabhängigkeit?

	Ja	Nein
Es besteht ein starker Wunsch zum Alkoholkonsum: Die Gedanken kreisen häufig um den Alkohol. Wenn der Trinker versucht, weniger zu trinken, erlebt er Verlangen.	❐	❐
Die Kontrolle über das Alkoholtrinken ist vermindert: Es fällt schwer, den Trinkbeginn, die Trinkmenge oder das Ende des Trinkens zu kontrollieren.	❐	❐
Das Alkoholtrinken erfolgt, um Entzugssymptome zu mildern: Entzugssymptome wie morgendliches Zittern, Schwitzen, Gereiztheit, treten auf. Sie verschwinden nach Alkoholkonsum.	❐	❐
Es kann zu einem Alkoholentzugssyndrom kommen: Ohne Alkohol kommt es nach einigen Stunden zu Brechreiz, Durchfall, erhöhtem Herzschlag, Schlafschwierigkeiten, Schwitzen, Zittern, Unruhe, Nervosität, usw. *Achtung: Wenn Sie bei sich selbst oder bei Ihrem Angehörigen schon einmal Entzugssymptome feststellen konnten, dann sollte wegen der Gefahr eines Delirium tremens nie auf eigene Faust mit dem Alkoholtrinken aufgehört werden. Vertrauen Sie sich immer einer fachkundigen ärztlichen und psychotherapeutischen Hilfe an!*	❐	❐
Die Alkoholmenge, die vertragen wird, hat sich geändert: Man wird langsamer oder schneller betrunken als früher.	❐	❐
Der Umgang mit dem Alkohol ist unflexibel, starr und eingeengt: Es wird schneller, mehr und häufiger als üblich getrunken.	❐	❐
Sonstige Interessen und Vergnügungen werden immer stärker vernachlässigt: Interessen, auch das sexuelle, treten in den Hintergrund.	❐	❐
Obwohl körperliche oder seelische Folgen des Alkoholtrinkens bereits eingetreten sind, wird dennoch weiter Alkohol getrunken: Die ärztliche Abstinenz-Empfehlung wird nicht eingehalten.	❐	❐

2. Der Weg in die Sucht beginnt nicht nur in der Kindheit

> Das Glück Deines Lebens hängt von der Beschaffenheit Deiner Gedanken ab.
>
> *Mark Aurel*

Im ersten Kapitel haben wir uns damit beschäftigt, daß die Alkoholabhängigkeit eine schwere Erkrankung ist, wie der Weg in die Alkoholabhängigkeit aussieht und woran wir sie erkennen. Wir wollen uns jetzt mehr mit den Ursachen der Alkoholabhängigkeit auseinandersetzen. *Warum ist mein Partner alkoholabhängig geworden? Ist es wirklich so einfach, daß die Ursache in einem zügellosen, wenig soliden, charakterlosen Lebensstil zu suchen ist?*

In der Zwischenzeit ist die Alkoholabhängigkeit viel untersucht worden. Fachleute aus der Medizin, der Psychologie, der Biologie und der Soziologie haben sich immer wieder mit der Alkoholabhängigkeit beschäftigt und die verschiedensten Untersuchungen und Forschungsarbeiten hierzu durchgeführt. Ein wesentliches Ergebnis all dieser Forschungen ist, daß sich die Alkoholabhängigkeit nicht auf eine einzelne Ursache zurückführen läßt. Es sind immer mehrere Faktoren und Bedingungen zu finden. Die Fachleute sprechen hier auch von einer *multifaktoriellen Verursachung*. Das heißt, ob jemand eine Alkoholabhängigkeit entwickelt oder nicht, hängt von genetischen, psychologischen und kulturellen Einflüssen ab. Es spielt also die Vererbung eine Rolle, aber auch Kindheitserfahrungen, die Persönlichkeit, die Einstellungen, die Familie, aus der jemand stammt, das Land, in dem jemand aufwächst und lebt usw., all das ist maßgeblich. Wir wollen jetzt in den nächsten Abschnitten dieses Buches diese verschiedenen Einflüsse genauer unter die Lupe nehmen, um so ein besseres Verständnis für die Alkoholerkrankung unseres Angehörigen zu entwickeln.

2.1 Vererbung – Wir sind keine »unbeschriebenen Blätter«

Es gibt eine ganze Reihe von Untersuchungen, die belegen, daß Vererbung bei der Alkoholerkrankung eine Rolle spielt. Z.B. weiß man aus mehreren Untersuchungen von Zwillingen, daß Alkoholabhängigkeit bei eineiigen Zwillingen häufiger auftritt als bei zweieiigen Zwillingen. Ebenso wurde festgestellt, daß Kinder von alkoholkranken Eltern zahlreicher an Alkoholabhängigkeit erkranken als Kinder, deren Eltern nicht alkoholkrank sind. Weitere Hinweise für Vererbungsfaktoren bei der Alkoholabhängigkeit liefert die genauere Betrachtung der Stoffwechselvorgänge, die beim Abbauen von Alkohol im menschlichen Körper ablaufen.

Der Abbau von Alkohol ist ein hochkomplizierter Vorgang. Es reicht hier, wenn wir wissen, daß dazu spezielle körpereigene Hilfsstoffe, die sogenannten *Enzyme*, nötig sind. Nun haben wir aber nicht alle genau die gleiche Ausstattung an Enzymen. Vielmehr gibt es von Mensch zu Mensch mehr oder weniger große Unterschiede in diesen Hilfsstoffen. Diese wiederum führen zu entsprechenden Unterschieden beim Abbau von Alkohol. Es ist bekannt, daß bei einigen Menschen beim Abbau von Alkohol sehr viel mehr Giftstoffe entstehen als bei anderen. Diese Giftstoffe wiederum wirken erheblich auf das Gehirn und auf die dort stattfindenden Stoffwechselvorgänge ein. Dies hat wiederum große Auswirkungen auf die Anfälligkeit für die Entwicklung einer Alkoholerkrankung. Welche Enzyme jemand in seinem Körper hat, welche Hilfsstoffe seinem Körper zur Verfügung stehen zum Abbau von Alkohol, ist eine Frage der Vererbung. Auch die Beobachtung, daß Frauen weniger Alkohol vertragen als Männer, zeigt, daß die Vererbung eine Rolle spielt.

Wird also die Alkoholerkrankung vererbt? Nein, die Alkoholabhängigkeit wird nicht vererbt. Genannte Forschungsergebnisse zeigen lediglich, daß Vererbung eine Rolle spielt. D.h., es gibt eine Anfälligkeit für die Alkoholabhängigkeit, und diese Anfälligkeit ist u.a. von Vererbungsfaktoren abhängig. Wenn also meine Eltern alkoholabhängig waren, so heißt das nicht, daß ich nun auch zwangsläufig alkoholabhängig werde, sondern daß ich ein größeres Risiko mit mir trage, alkoholabhängig zu werden.

Und übrigens, wenn es auch Ursachen in der Vererbung geben mag, dann bedeutet das nicht, daß ich nun nichts tun kann, wenn ich alkoholabhängig geworden bin. Ganz im Gegenteil, daraus folgt nur, daß ich mehr tun muß, um meine Alkoholerkrankung zu stoppen.

2.2 Kultur – Wir leben nicht alleine

Wenn wir geboren werden, können wir uns unseren Geburtsort nicht aussuchen. Wir haben keine Möglichkeit, unsere Eltern vorher zu bestimmen. Wir werden in die eine oder andere Kultur hineingeboren, ob wir nun wollen oder nicht. Dies liegt nicht in unserem eigenen Ermessen. Kulturelle Einflüsse haben eine große Bedeutung für unsere Verstandes-, Gefühls- und Verhaltensentwicklung. Auch für die Entwicklung einer Alkoholabhängigkeit spielen gerade kulturelle Bedingungen eine große Rolle. In vielen Untersuchungen, in denen verschiedene Länder miteinander verglichen wurden, konnte immer wieder gezeigt werden, daß die Häufigkeit der Alkoholabhängigkeit mit der Verfügbarkeit von Alkohol, mit der Werbung für Alkohol, mit dem Vorhandensein Alkohol trinkender Vorbilder und mit der gesellschaftlichen positiven Bewertung von Alkohol in einem Land oder einer Kultur ansteigt. Wenn wir in einer Umgebung aufwachsen, in der Betrunkensein geduldet, ja vielleicht sogar positiv bewertet wird, in der die Werbung voller Spots ist, in denen Alkohol zur Entspannung und Geselligkeit angepriesen wird, in der die negativen Folgen des Trinkens geleugnet und verdrängt werden, in der Trinkfestigkeit als erstrebenswert gilt, dann dürfen wir uns nicht wundern, wenn das Risiko, an Alkoholabhängigkeit zu erkranken, entsprechend hoch ist. Und das ist wichtig: Der einzelne Alkoholabhängige, also auch Ihr alkoholkranker Angehöriger, konnte sich dieses Risiko nicht aussuchen.

2.3 Psychologie – Wir denken, fühlen und verhalten uns

Die psychischen Ursachen der Alkoholerkrankung lassen sich aus drei Blickwinkeln betrachten, nämlich aus der Sicht der Psychoanalyse, der Verhaltenstherapie und der modernen kognitiven Psychotherapie.

Die *Psychoanalyse* ist eine Form der Psychotherapie, die Siegmund Freud (1856-1939) in seiner Arbeit als Arzt mit psychisch Kranken entwickelte. Die Persönlichkeit hat danach bewußte und unbewußte Anteile, also ein Bewußtsein und ein Unterbewußtsein. Dieses Unterbewußtsein hat einen erheblichen Einfluß auf unser Verhalten, ohne daß wir das bewußt merken. Wie es letztlich auf unser Verhalten einwirkt und welche psychischen Beschwerden sich daraus entwickeln, ist wiederum von unseren Erfahrungen – vor allem in unserer Kindheit – abhängig. Bei der Alkoholabhängigkeit sieht die Psychoanalyse die Wurzeln in der frühen Kindheit, nämlich in der Zeit, in der der Säugling an der Mutterbrust gestillt wird. Mit dem Saugen an der Mutterbrust sind für den Säugling Lustgewinn, Sättigung, Zuwendung, Wärme, Geborgenheit und Nähe verknüpft. Kommt es in dieser Kindheitsphase zu Störungen, so kann sich eine sogenannte *orale Persönlichkeisstruktur* ausbilden. Das bedeutet, daß die betroffene Person in der Zukunft durch Aktivitäten über den Mundbereich (z.B. Essen, Trinken usw.) versucht, seine Wünsche nach Zuwendung, Wärme, Geborgenheit und Nähe zu befriedigen. Weitere Eigenschaften einer solchen oralen Persönlichkeitsstruktur sind u.a. Unersättlichkeit, Überbewertung der eigenen Person, Passivität, Bequemlichkeit und »Dünnhäutigkeit«. Es ist relativ leicht einsehbar, daß jemand mit solchen Persönlichkeitseigenschaften sehr anfällig ist, eine Suchterkrankung wie die Alkoholabhängigkeit zu entwickeln.

Die *Verhaltenstherapie* geht von der Annahme aus, daß ein Großteil des Verhaltens durch Belohnung und Bestrafung gelernt wurde. Auch die Alkoholabhängigkeit wird als gelernt betrachtet, wobei sich dieses Lernen über viele Jahre erstrecken kann. Der Alkoholkranke hat im Laufe seiner Suchtgeschichte gelernt, daß ihm der

Alkohol am Abend nach der Arbeit sofortige Entspannung bringt, daß er bei Streitigkeiten mit seinem Ehepartner den Konflikt durch den Alkohol besser vergessen kann, daß er Langeweile vermeiden kann, wenn er sich über den Alkohol Anregung verschafft, daß er in Gesellschaft wesentlich besser Witze erzählen kann, wenn er »angeheitert« ist usw. Die Folge dieses *Lernens* ist, daß der Abstand zum Alkohol geringer und Alkohol immer häufiger getrunken wird. Zunächst führt dies in den Alkoholmißbrauch. Langfristig mündet es in die Alkoholabhängigkeit.

In den letzten Jahrzehnten hat sich in der Psychologie eine neue Form der Psychotherapie etabliert, nämlich die *kognitive Psychotherapie*. Sie geht auf den amerikanischen Psychoanalytiker Dr. Albert Ellis zurück, der die Erfahrung machte, daß seine Patienten wesentlich schneller genesen, wenn er sie nicht nur frei assoziieren läßt und er als Therapeut ansonsten nichts tut, sondern wenn er mit seinen Patienten über ihre grundlegenden Einstellungen diskutiert und sie aktiv hinterfragt. Er erkannte, daß für unser Fühlen und Handeln unsere Gedanken, Einstellungen und Bewertungen von großer Bedeutung sind. Eine Einsicht, die von der modernen Psychologie in den nachfolgenden Jahren immer wieder bestätigt werden konnte. Die grundlegende Annahme in der kognitiven Psychotherapie ist: Wenn wir nach Bewertungsmustern handeln, die der Realität nicht angemessen sind, dann entwickeln wir emotionale Probleme und Verhaltensstörungen. Solche Bewertungsmuster, die mit der Realität nicht übereinstimmen, bezeichnet Ellis als irrational. Die Alkoholabhängigkeit wird ebenfalls als Folge solcher unangemessener Bewertungsmuster betrachtet. Ellis und seine Mitarbeiter[1] konnten 4 Bewertungsmuster finden, die bei Suchterkrankungen und auch bei alkoholabhängigen Patienten besonders häufig angetroffen werden können:

- *Blockade von abstinentem Verhalten durch geringe Frustrationstoleranz*: Wenn der Alkoholabhängige den Wunsch hat, etwas

1. Ellis, A., McInerney, J.F., DiGiuseppe, R. & Yeager, R.J.: Rational-emotive Therapy with Alcoholics and Substance Abusers. New York, Pergamon Press, 1988.

zu trinken, sich aber dafür entscheidet, nichts zu trinken oder versucht, das Trinken hinauszuzögern, dann wird das irrationale Bewertungsmuster »Ich kann es ohne Alkohol nicht aushalten!« aktiviert. Dieses Bewertungsmuster wird auch als *geringe Frustrationstoleranz* bezeichnet. Ist es einmal aktiviert, so führt es zu einer starken Angst davor, die Unannehmlichkeiten zu erleben, die mit dem Nichttrinken verbunden sind. Der Alkoholabhängige weiß aus Erfahrung, wie er diese Angst verringern kann, nämlich indem er dem Wunsch nach Alkohol nachgibt. Die Angst verschwindet, die Anspannung wird weniger, das Trinkverhalten aber auch das Bewertungsmuster der geringen Frustrationstoleranz werden dadurch belohnt. Der Versuch der Abstinenz ist gescheitert und in der Zukunft für den Alkoholabhängigen noch schwerer umzusetzen.

- *Alkoholtrinken als Bewältigungsstrategie*: Auf dieses Muster wird zurückgegriffen, wenn der Alkoholabhängige emotionale Probleme oder Verhaltensschwierigkeiten erlebt wie Angstzustände, Mißerfolg, Schicksalsschläge, Ärger, Wut, usw. Diese Schwierigkeiten aktivieren wieder das Muster der *geringen Frustrationstoleranz*: »Ich kann es nicht aushalten, an meinen Problemen zu arbeiten!« Das löst Angst vor den Unannehmlichkeiten aus, die auftreten, wenn die Angst, der Ärger, die Wut oder ganz allgemein die emotionalen Probleme bestehen bleiben. Die Erwartung, daß er mit Alkohol diese Spannung auflösen kann, läßt ihn wieder zum Alkohol greifen. Auch hier wird durch die sofortige Entspannung, die das Alkoholtrinken auslöst, das Weglaufen vor den Problemen belohnt. Außerdem verstärkt sich dadurch das irrationale Bewertungsmuster der geringen Frustrationstoleranz, da der Alkoholkranke nicht die Erfahrung macht, daß er seine Probleme durchaus leben und bewältigen kann.
- *Alkoholtrinken = Wertlosigkeit*: Dieses irrationale Bewertungsmuster tritt oft dann auf, wenn der Alkoholabhängige erkennt, daß er zuviel Alkohol trinkt und sich eingesteht, daß er zumindest gefährdet oder alkoholabhängig ist. Er fühlt sich dann schuldig, bekommt den Eindruck der Hoffnungslosigkeit bezogen auf sein Alkoholproblem und verfällt in eine depressive Stimmung,

weil er sich als wertlosen oder minderwertigen Menschen betrachtet. Diese unangenehmen Gefühlszustände wiederum aktivieren seine Erfahrung, daß er mit Alkohol unangenehme Spannungszustände schnell und leicht verringern kann. Also trinkt er erneut Alkohol, und dieses Muster beginnt wieder von vorne.

- *Forderung nach Spannung und Anregung*: Auch dieses Bewertungsmuster findet man bei Alkoholabhängigen. Die irrationale Forderung, daß das Leben immer spannend und anregend sein müsse, hat zur Folge, daß Langeweile – sobald sie auftritt – als sehr unangenehm erlebt wird. Dies fördert wieder die Erfahrung zutage, daß mit Alkohol Lustgewinn, Geselligkeit und überhaupt eine schöne Zeit erlebt werden kann. Ist dieses Bewertungsmuster erst einmal so weit fortgeschritten, dann ist es für einen Alkoholabhängigen besonders schwer, keinen Alkohol zu trinken.

Diese Bewertungsmuster sind nach der kognitiven Therapie von Ellis und seinen Mitarbeitern zentral und wichtig, sowohl für den Weg in die Alkoholabhängigkeit als auch für die Aufrechterhaltung des exzessiven Trinkverhaltens des Alkoholabhängigen.

2.4 Fazit – Wer ist schuld?

Was folgt nun aus all diesen Forschungen und Theorien? Zunächst einmal kann man festhalten, daß sich die Alkoholabhängigkeit bei ihrer Ausformung und Entwicklung nie auf ein und dieselbe Ursache zurückführen läßt. Sie sind von Alkoholabhängigem zu Alkoholabhängigem verschieden. Auch ist es so, daß nie nur eine einzige Ursache gegenwärtig ist. Vielmehr kommt es immer zu einem Zusammenwirken von mehreren verschiedenen Einflüssen. Aber besonders wichtig erscheint uns allen die Frage nach der Schuld.

Wenn wir alle Einflüsse berücksichtigen, so können wir feststellen, daß keine der dargestellten Ursachen voll und ganz in der Verantwortlichkeit des alkoholkranken Menschen liegt. Ob ich eine erhöhte Bereitschaft zur Entwicklung einer Alkoholabhängigkeit vererbt bekommen habe oder nicht, das entzieht sich meinem Einfluß. In welche Kultur ich hineingeboren werde, kann ich ebenso wenig entscheiden. Daß ich in meiner Kindheit Erfahrungen gemacht habe, die mich so prägen, daß ich zu einer oralen Persönlichkeit geworden bin, verantworten bestenfalls meine Eltern, aber nicht ich, der ich damals noch gar nicht zu bewußtem Denken und Urteilen fähig war. Welche Erfahrungen ich bis heute gesammelt habe, ist nicht alleine von mir abhängig gewesen. Viele soziale Zwänge spielten dabei eine große Rolle. Jede Begegnung mit anderen Menschen hat auf mich eingewirkt. An der Verursachung seiner Alkoholerkrankung trifft den Alkoholabhängigen keine Schuld, genauso wenig wie den Zuckerkranken oder den Patienten mit einer Herzerkrankung. Er trägt aber Verantwortung, wie jeder andere Patient auch, wie er heute mit seiner Alkoholabhängigkeit umgeht, wie er mit ihr lebt. Und es hilft ihm nichts, wenn man ihm diese Verantwortung nimmt oder ihn dabei stützt, diese Verantwortung zu verdrängen. Aber darauf kommen wir im letzten Teil dieses Buches noch einmal zurück.

3. Zwei Geschichten der Sehnsucht: Fallbeispiele

Die schwersten Schläge erhält man von denen, denen man vertraut, sie treffen überraschend und schmerzen darum doppelt.

Albert Hurny

Ich kann nicht einfach mit dem Trinken aufhören? Bin ich jetzt schon ein Alkoholiker? Nein, das kann doch nicht sein! Das darf nicht sein! Dabei habe ich doch weder so viel noch oft getrunken. Ich dachte, jederzeit ohne Probleme aufhören zu können. Das Zittern muß andere Ursachen haben. Ebenso das Schwitzen. Und wenn nicht? Heute abend höre ich ganz bestimmt auf. Nur das eine Glas noch, nur das eine.

Den typischen Alkoholiker gibt es nicht. Unabhängig von der konkreten Ausprägung ist typisch: das eigene Gewissen beruhigen, den Zustand nicht wahrhaben zu wollen. Gegenargumente zu suchen, sich zu schämen, Tatsachen herunterzuspielen und ewige Versprechen sich selbst und anderen gegenüber zu geben, ist die ewige Spirale.

Wenn er nüchtern ist, kann er unauffällig, scheinbar »normal« sein. Er ist kein Mensch von besonderer Abstammung, jedoch mit anders gearteten Gewohnheiten.

In der folgenden Darstellung wird das Leben von zwei verschiedenen Alkoholikern beschrieben. Alle besitzen einen unterschiedlichen Charakter, haben unterschiedliche Lebensweisen – sie verbinden nur die Trinkgewohnheiten. Trotz ihres unterschiedlichen Typus sind sie nach dem Konsum von Alkohol sehr ähnlich. Die Sucht hat verschiedene Facetten. Gleich ist jedoch immer, daß der Alkohol die Lebenssituation verändert. Wichtig ist, daß der Alkoholiker mit der Sucht innerlich verknüpft ist, bevor er oft und viel

Alkohol trinkt. Er besitzt eine Suchtstruktur, die den Alkoholiker ein Leben lang begleitet. Sie ist in Form der Alkoholabhängigkeit jetzt nur sehr viel deutlicher offen erkennbar ausgeprägt. Bei anderen Menschen entstehen Eßstörungen oder eine Co-Abhängigkeit als Symptome. Die Hauptmerkmale der Suchtstruktur können kurz gefaßt werden: Ich will alles, ich will es sofort und ich will es für immer. Klar, daß dies natürlich nicht klappt. Die innere Spannung, die durch die verzweifelte Suche und Sehnsucht nach einer Erfüllung dieser Wünsche entsteht, erreicht ihren Gipfel immer dann, wenn deutlich wird, daß die gehegten Hoffnungen und Phantasien nicht in Erfüllung gehen werden. Diese Spannung ist unangenehm. Sie soll am besten nicht dasein. Deshalb versuchen die Personen, durch weitgehende Kontrolle der Außenbedingungen die Spannungsauslöser in den Griff zu bekommen. Es kann aber nicht alles kontrolliert werden. Der Alkoholiker glaubt: er kann. Er trinkt die Spannung einfach weg. Dies ist für ihn alles kein Problem, weil er für sich glaubhaft Kontrolle über sein Trinken hat. Das innerlich verzerrte Bild des Betroffenen ist Scheinrealität. Er kann längst nicht mehr die Trinkgewohnheiten steuern und kontrollieren. In dieser Charakterveränderung durch die Sucht sind sich beide nachfolgend vorgestellten Alkoholiker gleich. Dem unbehaglichen Gefühl des Alleinseins, der Leere und der Verzweiflung für einen Augenblick zu entrinnen und durch eine kurze Entspannung, ein scheinbares Glück, ein gespieltes Machtgefühl, eine eher primitive Kreativität kurzzeitig zu erreichen, ist das Bestreben des intellektuellen Trinkers.

3.1 Bis zur Selbstaufgabe: »Das Aschenputtel«

»Nur den einen Schluck trinke ich noch, und dann ist Schluß. Doch dabei ist es so schön, im süßen Nichts zu sein, wo keine Sorgen und Freuden sind, keine Vergangenheit, keine Zukunft. Dann bin ich nicht mehr so alleine und nicht mehr so traurig. Warum mußte er nur eine andere kennenlernen. Und dann noch meine beste Freundin. Jetzt will er sich von mir scheiden lassen. Es wäre so schön, wenn er bei mir bliebe. Er darf nicht so einfach gehen nach all den Jahren. Er kann mich doch hier nicht einfach so zurücklassen.«

Diese Gedanken der Einsamkeit und inneren Zerrissenheit kennt Frau B. schon lange. Seit der Zeit, da ihr Mann die Arbeitswoche über in München verbringt und nur am Wochenende nach Hause kommt, quält sie das Alleinsein. Wenn er anwesend war, dann war es auch nicht so toll. Plötzlich hatte er keine Zeit mehr für sie. Trotz des langen Wartens – eine ganze Woche lang –, kein liebes Wort, keine freundliche Geste, keine Zärtlichkeit. Alle Vorschläge eines Theaterbesuches, eines Spazierganges oder etwas anderes wies er ab. Immer lautete die Begründung: Ich habe jetzt keine Zeit, geh doch alleine hin. Nie war es das Richtige, was sie auch tat. Es kam ihr so vor, als wäre sie das fünfte Rad am Wagen. Es tat sehr weh, sich nicht geliebt zu fühlen und keine Beachtung zu erfahren. Es gab nur mageren Gesprächsstoff über 5 vergangene Tage. Immer hat sie versucht, es ihrem Mann recht zu machen. Sie hat so manches Mal um der Harmonie willen ihren Ärger für sich behalten. Es schien alles nicht gut genug zu sein. Dabei hat sie doch klaglos alle Wochenarbeiten allein bewältigt. Sie hat die Post abgeholt und die Handwerker im Haus eingewiesen. Auch den Gärtner hat sie in das Herrichten des Gartens eingewiesen. So richtig hübsch, so daß sie am Wochenende gemütlich dort hätten sitzen können. Die Veränderungen an ihrem Mann waren ihr nicht verborgen geblieben. Seit er in den Vorstand der Versicherung aufgestiegen war, führte er Arbeiten im Garten nicht mehr mit Arbeitskleidung aus. Die feinen Hosen und Hemden zieht er sich an. Er hat nun einen besseren Posten und muß auf seine Kleidung achten. Als wenn Fotografen hinterm Gartenzaun lauern würden. Gegenüber seinen früheren Gewohnheiten schien er sehr verändert.

Vor 21 Jahren hatten sie sich kennengelernt. Sie arbeiteten beide in einer kleinen Firma, in der sie noch heute tätig ist. Ein Jahr nach dem Kennlernen heirateten sie. Sie durchlebten ein großes Glücksgefühl. Den Brautstrauß legten sie auf das Grab ihrer Großeltern und bekamen von den Hochzeitsgästen Windeln mit Senf als Symbol für künftige Kinder. Leider blieb die Ehe kinderlos. Als Skizze des Lebens der Lebensstationen des Mannes fuhren sie einzelne

Orte ab. Dann waren ihre Lebensstationen an der Reihe. Mit einigen Unterbrechungen wegen ihres defekten Autos haben sie auch diese Stationen nachvollzogen. Die Unterbrechungen enttäuschten Frau B. damals sehr.

Ihr Mann schrieb seine Doktorarbeit und bereitete sein berufliches Fortkommen auf Kosten der Ehefreizeit vor. Er bewarb sich an der Universität in Frankfurt für eine Stelle als Professor für Wirtschaftswissenschaften. Das Ausbleiben eines positiven Bescheides veranlaßte beide, sich für eine längere Zeit in Dortmund durch den Kauf eines Reihenhauses einzurichten. Zwei Jahre später erhielt ihr Mann ein Angebot als Berater in einer Versicherungsgesellschaft in Hannover. Er nahm dieses Angebot an. Von nun an veränderte sich der gewohnte Wochenrhythmus grundsätzlich.

Frau B. blieb die Arbeitswoche auf sich gestellt. Anfangs war sie ein bißchen neidisch auf die Karriere ihres Mannes. Belastend auf ihren seelischen Zustand wirkte, daß sie allabendlich zu Hause war, während ihr Mann in anderen Städten Karriere machte. Sie hatte auch keine Strategie für den plötzlichen Sprung in die sog. Wochenendehe. Dieses sich permanent aufstauende Konfliktpotential blieb unangesprochen, da zunehmend die Kommunikation verarmte. Besonders bei Feiern und auf Parties, aber auch schon mal wochentags abends, begann sie zunächst unregelmäßig bis zu einer dreiviertel Flasche Wein zu trinken. Da »ihrer Seele das vermeintlich gut tat«, trank sie immer regelmäßiger.

Sieben Jahre später erwarben sie in einem Vorort von Hannover ein Haus. Die Position des Mannes in der Firma schien gefestigt. Zudem wollte sie die Wochenendehe beenden. Im Gegenzug nahm sie dafür die längeren Fahrtzeiten zu ihrer Arbeit in Kauf. Aber was war das für eine Beziehung? Das mehrjährig praktizierte Miteinander und Auseinander prallte mit dem plötzlichen Situationswandel aufeinander. Sie waren täglich zusammen und vereinsamten trotzdem immer mehr.

Stärker als an den Nur-Wochenenden wurde er als Prestigeperson aktiv. Bei Besuchen von Freunden und Bekannten schien es so, als wäre sie immer das Schlußlicht. Sie stand wenig im Mittelpunkt und fand auch kein Konzept, an dem mißlichen Zustand etwas zu ändern. Das, was sie wirklich wollte, kam andererseits auch nicht über ihre Lippen. Und wenn sie doch einmal etwas sagte, und ihr Mann hatte eine andere Meinung, so trat sie schnell den Rückzug an, indem sie der Sichtweise ihres Mannes nachgab. Den einzigen Trost entdeckte sie im Alkohol. Sie spürte ihn gewissermaßen als stummen Freund, der nichts von ihr forderte und bei dem sie sich nicht durchzusetzen brauchte. Ihr kam es so vor, als ob sie nur beim Alkoholtrinken richtig wichtig sei. Sie konnte kurzfristig entscheiden, welche Sorte sie wann und wieviel trinken wollte. Schon bald verlor sie die Kontrolle über den Alkohol. Er war bereits der heimliche Sieger. Wahrhaben wollte sie es aber nicht. In diesem Wechselspiel verlief das Eheleben in der neuen Umgebung. Das tägliche Leben mit all seinen Kleinigkeiten und nicht vorhersehbaren Unwägbarkeiten nahm seinen Lauf. Das Haus war rasch eingerichtet und nach ihren Vorstellungen gestaltet. Trotz der gewonnenen Nähe mußte sie feststellen, daß ihr Mann sehr viel mehr Zeit in die Arbeit investierte, als sie anfangs glaubte. Und sie trank Wein. Sie trank sehr viel. Es ist nicht unbedingt so, daß sie mehr trank, je mehr ihr Mann nicht zu Hause war. Es war vielmehr so, daß sie sich einfach immer einsamer zu fühlen begann. Mit dem Alkohol entfloh sie der Realität für eine kurze Zeit. Sie tauchte wie in einen Dämmerschlaf ein, ohne daß sie wirklich geschlafen hätte. Die schwer drückenden Gefühle der Einsamkeit verschwanden ganz plötzlich wie durch ein Wunder. Er arbeitete viel. Sie trank viel. Jeder hatte einen Bereich für sich alleine etabliert. Und mit der Zeit entglitten die Gefühle. Es war Eiszeit.

Ein gutes Jahr später wurde ihr Mann zu einer Tochtergesellschaft der Versicherung nach München in den Versicherungsvorstand mit weiteren beruflichen Aufstiegschancen befördert. Ihr Mann nahm alleinentscheidend an. Zu Hause hielt ihn nach seiner Auffassung mehr die Gewohnheit. Dem Zank und Streit ausweichend verstärkte er seine beruflichen Aktivitäten. Damals befragte er vorsichtig seine Frau schon mal, ob sie nicht zu viel trinken würde? Dann entgegnete sie immer wütend und trotzig: »Du kümmerst dich doch sonst nicht um mich. Ich bin dir doch egal. Folglich kann Alkohol dir auch gleichgültig sein.« Er versuchte, ihr Alkoholtrinken zu kontrollieren und zählte immer, wenn er nach Hause kam, die leeren Flaschen. Mit der Zeit begann Frau B. berechnender zu werden. Sie trank nicht oder nur noch ganz wenig, wenn ihr Mann dabei war. Wein und Bier versteckte sie und nutzte zum Trinken die Abwesenheit ihres Mannes. Manchmal wurde sie panisch, wenn das Trinkverlangen so groß war, sie aber ihr Versteck nicht mehr wußte. Sie irrte im Haus umher, da sie die Verstecke oft wechselte. Mal war es der Keller, mal der Besenschrank, mal der Kleiderschrank usw. Wenn sie fündig wurde, dann zog nach dem Trinken wieder die gefährliche innere Ruhe ein.

Mit dem Wechsel nach München rutschte die Situation wieder in das frühere Wochenenddilemma ab. Schon wieder zerplatzte ihr Traum von einem gemeinsamen Leben mit ihrem Mann in der gleichen Stadt. Kaum hatten sie alles eingerichtet, war ihr Mann schon wieder in einer anderen Stadt beschäftigt. Ohne ihren Mann wollte und konnte sie nicht leben. Ihr war klar, daß ihr Mann recht hatte, wenn er sagte, daß sie ohne ihn ein Nichts wäre. Ab dieser Zeit pendelte sich die beinahe vergessene Wochenendehe wieder ein. Montags früh am Morgen flog ihr Mann mit dem Flugzeug nach München und kehrte freitagabends wieder zurück. Sie trank im Verlaufe dieser Tage einer Woche etwa vier Liter Sekt oder Wein und noch einige Bier dazu.

Ein paar Wochen später veränderte sich der Wochenablauf wieder. Ihr Mann flog häufiger schon am Sonntagabend und kam manchmal erst am Samstag wieder zurück. Die gemeinsamen Wochenenden reduzierten sich auf wenige Stunden. Noch ein paar Monate später nahm sich ihr Mann in München eine Wohnung. Da er vorgab, viel zu arbeiten, kam er nur noch zwei bis dreimal im Monat nach Hannover. Frau B. fühlte sich immer stärker verunsichert und vereinsamt. Gegen ihre Einsamkeit trank sie Wein und Sekt. Das half auch für einen kurzen Augenblick.

Von Zeit zu Zeit begleitete sie ihren Mann auf Empfänge, die von der Versicherungsgesellschaft regelmäßig ausgerichtet wurden. Obwohl Frau B. eigentlich gar keine Lust hatte und obwohl sie die Feiern als Pflichtveranstaltungen empfand, begleitete sie ihn. Sie fühlte sich wieder mal als »Frau an seiner Seite«. Ihr Mann bestand gar nicht mal darauf, daß sie unbedingt mitging. Sie wollte aber nicht, daß es Gerede über sie und ihren Mann gäbe. Wenn sie auf diesen Feiern bei einem Gespräch auch etwas sagte, so widersprach ihr Mann häufig sehr schnell mit der Begründung der Inkompetenz. Schließlich zog es Frau B. vor, bei den Gesprächen nicht mehr mitzureden. Um längere Zeit zusammensein zu können, suchten sie gemeinsam eine Wohnung in der Nähe von München. Die Suche nach einem eigenen Haus verlief ergebnislos, so daß die bestehende Trennungssituation blieb.

Trotz der weiten Fahrtstrecke fuhr sie bei anstehenden Pflichtveranstaltungen regelmäßig ihrem Mann zuliebe nach München. Dabei fragte sie ihr Mann immer, ob ihr das nicht zu weit sei. Sie brauche doch nicht bei jeder Veranstaltung dabeizusein. Sie wollte diese wenigen Gemeinsamkeiten aber gerne. Für diese Veranstaltungen nahm sie jeweils Urlaub, da diese meistens mitten in der Woche stattfanden. Sehr bald waren die meisten Urlaubstage aufgebraucht. Ihr Mann hatte jedoch noch all seinen Urlaub. Sie ärgerte sich darüber und nahm sich vor, nun seltener während der Woche nach München zu fahren. Auch auf ihrer Arbeitsstelle ging es nicht auf Dauer so weiter. Auch wenn sie als Beraterin eine sehr flexible Arbeitszeit hatte, so konnte sie doch nicht so häufig für einen oder zwei Tage fehlen. »Das ist doch nicht so schlimm, wenn du mal fehlst«, sagte ihr Mann. Zudem beharrte er darauf, daß sie von ihrem Chef mehr Gehalt für die Arbeit verlangen solle. Sie verspürte einerseits den Druck ihres Mannes und andererseits die geringschätzige Bewertung ihrer Arbeit. Diese Negativbewertung ihrer Arbeit traf sie jedesmal sehr. Seit er die Karriereleiter aufgestiegen war, führte er sich als höherwertig auf und erniedrigte sie zugleich verbal und im Auftreten. Ihr Mann wurde alsbald in den Vorstand der Aktiengesellschaft berufen und führte drei vollständige Jobs parallel aus. Auf der einen Seite war sie stolz auf den Aufstieg ihres Mannes. Auf der anderen Seite ärgerte sie sich immer mehr über ihren Mann, ohne sich die inneren Ärgernisse anmerken lassen zu wollen. Ihre Trinkmenge steigerte sich wieder, nachdem sie zwischenzeitlich mal etwas weniger trank. Sie trank regelmäßig bis zu 2 Liter Wein oder Sekt. Von Zeit zu Zeit auch 5 Flaschen Bier und eine dreiviertel Flasche Weinbrand. Gleichzeitig versuchte sie, sich ihrem Mann unterzuordnen, und deutete nichts von ihrer Einsamkeit, ihrem Ärger, ihrer Unzufriedenheit an. Sie ertränkte ihre Gefühle im Alkohol.

Immer wenn sie nach ihrem Ärger Alkohol getrunken hatte, waren die unangenehmen Gefühle abgedämpft und der Ärger vergessen. Für kurze Zeit fühlte sie sich fähig, alles zu schaffen. Sehr gerne hätte sie mit ihrem Mann geredet und ihm gesagt, daß sie ihn liebt und mit ihm ein neues Leben beginnen möchte. Sie war dazu aber nicht in der Lage. Wenn sie ehrlich war, konnte sie das gar nicht in ihrem jetzigen Zustand. Ihre Sinne waren wie verschleiert, sie konnte nicht mehr klar denken. Bald kamen auch Zittern, Schwitzen und Unruhe dazu. Um die permanent einsetzenden Leiden erträglich zu machen, benötigte sie immer neue Schübe an alkoholischen Getränken. Sie war im innersten Teufelskreis der Alkoholabhängigkeit angelangt.

Auch ihr Umfeld merkte das. Ihre Schwägerin warf ihr häufig vor: »Du trinkst zuviel!« Ihr Mann hatte mittlerweile auch alle ihre Alkoholverstecke ausfindig gemacht. Eines Tages leerte er alle Wein- und Schnapsflaschen, die er finden konnte, und stellte die leeren Flaschen provokativ auf den Eßzimmertisch. Beziehungen zu Freunden und Bekannten hatte sie mittlerweile abbrechen müssen. Wenn ihr Mann am Wochenende kam, so stritten sie sich die meiste Zeit nur.

Sie schämte sich sehr über die von ihr selbst ausgelöste Situation. Sie machte sich Vorwürfe, daß sie nicht schon früher mit dem Trinken aufgehört hat. Ihr Mann und die Schwägerin hatten ja recht, wenn sie sagten, daß sie zu schwach sei, mit dem Trinken aufzuhören. Ihr Leben war eigentlich kein Leben mehr. Sie konnte nicht mehr arbeiten und bewältigte auch sonst keine Probleme mehr. Sie erkannte sie nicht einmal mehr. Die Beziehung zu ihrem Mann verflachte immer mehr. Immer wieder versprach sie ihrem Mann, morgen werde ich ganz bestimmt mit dem Trinken aufhören. Es gelang ihr nicht. Einige Wochen später eröffnete ihr Mann, daß er eine andere Frau kennengelernt habe und mit dieser künftig zusammenleben werde. Daß es ausgerechnet ihre beste Freundin sein mußte, traf sie zusätzlich.

Er will sich scheiden lassen. Frau B. will in einer Entwöhnungstherapie lernen, wie sie ihre Abstinenz leben und ihren Alkoholismus akzeptieren kann. Dazu wird es auch wichtig sein, die gefühlsmäßigen Erkrankungsursachen, die in ihrem Charakter verankert sind, aufzuarbeiten.

Zu ihrem Charakter gehört das Sich-Aufgeben für den geliebten Ehemann, dem sie einen Überwert beigemessen hatte. Es bedurfte immer der Gegenwart des Mannes. Ohne ihn war ihr das liebende Sich-Hingeben nicht möglich. Sie besitzt eine starke Neigung zur Anhänglichkeit. Was ihr gefühlsmäßig viel bedeutet und in das sie mit Hingabe viel investiert hat, möchte sie bewahren. Das aggressive Durchsetzen tritt bei ihr zurück. Sie hat im Grunde zu wenig »Ellenbogen«. Vom charakterlichen Naturell aus ist sie zu friedfertig und wenig kämpferisch. Dieser aufgestaute und unterdrückte Ärger führte schließlich zu Selbstvorwürfen, Selbstanklagen, Selbstbestrafungen und schließlich auch zur schrittweisen Selbstzerstörung ihrer krankhaften Seele mit Alkohol.

3.2 Einzelkämpfer: »Harte Schale, weicher Kern«

Nach dem letzten Schluck Whiskey aus der Flasche kann er sich nicht mehr aufrecht halten und gleitet an der Wand der Zimmerecke langsam zu Boden. Er weiß nicht, wie es noch weitergehen soll. Alles scheint jetzt am Ende zu sein. »Ich habe mein ganzes Leben zerstört. Ich habe keinen Ausweg«, wirft er sich verzweifelt vor. Seine Freundin bringt ihn in das psychiatrische Krankenhaus. Er stellt sich unaufhörlich Fragen: »Was ist nur aus mir geworden? Wohin hat mich das ganze Trinken nur gebracht? Jetzt bin ich wirklich am Ende!«

Es war nicht immer so, daß er viel Alkohol getrunken hat. Früher mochte er Alkohol nie so richtig. Das Bier war ihm zu bitter, der Wein zu sauer, und den Geruch von Schnaps empfand er als beißend. Die Arbeit lief auch gut. Ganz so, wie er es sich gedacht hatte. Bis vor zwei Jahren, als der Leiter der Fakultät für Sportwissenschaft und Philosophie in den Ruhestand ging und sein Nachfolger kam. Seitdem war nichts mehr so, wie es einmal war. Er begann seit dieser Zeit allabendlich 3 große Flaschen Bier zu trinken. Hier kamen auch schon mal ein, zwei Gläser Weinbrand, dort auch mal eine viertel Flasche Whiskey dazu. Herr H. war mit seinen 44 Jahren bis dahin zufrieden. Er hatte etwas geschafft. Als einziger der Universität war er frühzeitig Professor geworden und leitete die Forschungsstelle des philosophischen Instituts. Als Vater von zwei Jungen war die Familie für ihn in Ordnung.

Er selbst fühlte sich zum personellen Altbestand des Instituts gehörig. Früher konnte er seine Forschungsreisen planen und realisieren. Der Dekan war immer damit einverstanden. Seit dem Tag des Leitungswechsels fühlt er sich stark eingeschränkt. Über alle Vorgänge, alle Pläne und Vorhaben wollte der neue Leiter genauestens unterrichtet werden. Den Nutzen aus Studienreisen wollte er bewertet wissen und die Durchführung auf dieser Grundlage entscheiden. Einige Reisen kamen als Folge überhaupt nicht zustande. Fortan stand der Nutzen für die Fakultät im Mittelpunkt. Früher konnte er die Forschungs- und Studienreisen selbst entscheiden. Jetzt aber fühlte er sich eingeschränkt und bevormundet. Schrittweise baute er ein Negativbild auf und redete sich Jobmobbing ein.

In dieser Konfliktsituation begann er gewissermaßen als Ausweg mit dem Alkoholtrinken. Er trank so lange, bis er betäubt war. Nach dem Aufwachen am nächsten Morgen trank er weiter. Dem Institut hatte er innerlich gekündigt. Er trank Whiskey, Bier und Wein so lange, bis er in einen Dämmerschlaf versank. Er vergaß seine scheinbaren Arbeitskonflikte, und das war gut so. In wachen Phasen nahm er Bilder seiner Kindheit wahr. Als sein Vater damals viel Alkohol getrunken hatte, war das Familienleben zerrüttet. Es gab Krach, sogar Krieg zwischen den Elternteilen, in dessen Folge seine Mutter getrennt vom ehelichen Schlafzimmer in seinem Zimmer übernachtete. Das fand er furchtbar. Vater, der erfolgreiche Geschäftsmann, war abends und auf Feiern ständig betrunken – so wollte er nie werden. Und wenn er sich jetzt so ansah… Nein, er wollte sich lieber nicht ansehen, nicht in diesem Zustand. Er konnte den Alkohol bei seinem Vater nie akzeptieren. Der Autoritätsverlust auf ihn als Kind war unübersehbar. Dabei hätte er in diesem

Lebensabschnitt einen Vater als Kameraden gerne gehabt. Vater war zu Hause in seinen Augen schwach und konnte sich nie durchsetzen. Besonders schlimm war für ihn immer, daß sein Vater nie ein erkennbares eigenes Interesse an ihm gezeigt hatte. Nie konnte er mit Vater über das reden, was er wollte. Nie konnte ihm Vater seine Wünsche erfüllen. Es gab keine Vater-Sohn-Beziehung. Es lag vielmehr eine Beziehungslosigkeit vor. So sah er das mit kritischem mehrjährigen Abstand, jetzt.

Da fiel ihm die Geschichte von einer Hochzeitsfeier bei Bekannten ein. Komisch, wie das manchmal so kommt, dachte er bei sich. Vater hatte wie häufig bei solchen Anlässen bei den alkoholischen Getränken richtig zugelangt. Am nächsten Tag hatten sie Bekannte zu Besuch. Diesen hatte er alle Einzelheiten vom letzten Abend über Vaters betrunkenen Zustand erzählt. Er merkte zunächst gar nicht, wie sich die Mienen seiner Eltern verzogen. Nach dem Besuch zog Mutter ihn ärgerlich und zornig zur Rechenschaft. »Du darfst uns in aller Öffentlichkeit nicht so bloßstellen.« Das mochte er im ersten Augenblick gar nicht glauben. Mutter schlug sich auf Vaters Seite. Und er selbst stand, wie so oft, alleine da.

Auch Mutter war nie so zu ihm, wie er es sich gewünscht hätte. Er war etwa 11 Jahre alt, als Mutter immer mehr Druck auf ihn auszuüben schien. »Du könntest doch mehr in der Schule leisten.« Dabei war er gar nicht so schlecht in der Schule. Die Kritik annehmend, zog er sich auf die pure Erfüllung der Pflichtauferlegung zurück. Er strafte sich selbst, indem er auf jegliche Freizeit verzichtete. Diese Einstellung zu Drucksituationen änderte sich auch später nicht. So hatte er schon aus Mangel an Freizeit keine Freunde.

Auch als er später seine Frau kennenlernte, empfand er keine wirkliche Liebe. Liebe, so wie er es gelesen hatte, sollte heiß, glühend und innig sein. Das hatte er nie bei sich und seiner Frau erleben dürfen. Die gesamte Beziehung war eher strategisch angelegt: eine Frau, zwei Kinder, einen gut laufenden Job. Im Grunde alles, was er sich immer vorgestellt hatte. Was wollte er mehr? Mit dem Auftritt des neuen Direktors kam sein innerlicher Zusammenhalt aus dem Gleichgewicht. Das hatte auf sein Leben in allen Dimensionen Auswirkung. Zu Hause gab es Streit bis zur Unerträglichkeit.

Der Alkohol wurde zum Gehilfen zur Bewältigung der Konflikte. Schnell ein paar Schlucke aus der Whiskeyflasche, und schon konnte er wieder durchatmen. Danach eine Flasche Wein und ein paar Bier, und es war nichts mehr von diesem zermürbenden, unangenehm nagenden Gefühl im Magen festzustellen. Das war immer so, wenn sie sich beide stritten. Meistens ging es um sein Alkoholtrinken. Er fühlte sich dann immer hilflos und ausgeliefert. Verständlicherweise fehlte ihm dann der Argumentationsstoff. Ihm schien, daß seine Frau dann meilenweit von ihm entfernt stand.

Letztens war es wieder so ähnlich. Spät am Abend kam er nach Hause von der Arbeit. Er war müde und erschöpft vom langen Arbeitstag. »Schön wäre es, jetzt ein paar liebe Worte zu hören, meine Frau zu umarmen«, ging ihm so durch den Kopf. Aber er kam ins dunkle Haus. Als erster kam dann sein Sohn nach Hause und wollte von ihm eine Unterschrift für einen kostspieligen Auslandsaufenthalt erzwingen. Er wollte das jetzt aber nicht entscheiden. Kurz darauf kam seine Frau mit der Frage, ob er seinem Sohn schon die Unterschrift gegeben hatte und ob er ihm schon bei den schwierigen Schulaufgaben geholfen hatte. »Hast du schon wieder getrunken? Du siehst so komisch aus«, fragte sie ihn, nachdem er nicht gleich antwortete. Nein, er hatte nicht getrunken. Aber was hatte es jetzt noch für einen Zweck, darüber zu sprechen?

Mit der Ausrede, noch dringend zu einer Konferenz zu müssen, verließ er das Haus. An dem nächsten Lokal ging er noch vorüber, mit dem Vorsatz, heute mal nichts zu trinken. Als er dann drüben auf der anderen Straßenseite die Tankstelle sah, waren seine Vorsätze aufgerieben: »Was soll's, na komm, ein Bierchen hat noch keinem geschadet.« Bei der Gelegenheit nahm er sich gleich einen Sechserpack Bier mit. Auf dem Weg nach Hause leerte er die Flasche Wein und alle Bierbüchsen. Die leicht geröteten Wangen waren die Folge, als er zu Hause ankam. Das Licht im Wohnzimmer signalisierte ihm Sturmstimmung. Diese Art von Kontrollen vermiesten ihm die Stimmung, und er fühlte sich gedemütigt. Eine Stunde später verließ er wieder das Haus. Sein Gewissen drückte schwer auf sein Gemüt. »Wenn du nicht so viel getrunken hättest, dann wäre es vielleicht nicht so weit gekommen.« Wieder mal hatte er seine Frau angeschrien. Jetzt, wo seine Hände so zitterten und sein Innerstes bebte, war er froh, die Kneipe erreicht zu haben. Bei seinem ersten »Streifzug« hatte er noch widerstehen können. Zwei halbe Liter Bier runterzustürzen, tat erst einmal gut. Wie tief war er gesunken. Jetzt stand er hier in der Kneipe am Tresen, und zu Hause war ihm fern. In diesem Zustand schnitt das Verhältnis zu seiner Frau schlecht ab. Er liebte sie nicht. 18 Jahre Ehe waren nur ein einziges Aushalten gewesen.

Viel lieber würde er jetzt bei der Frau da drüben sitzen, die so unglücklich in ihr Weinglas starrt. Als er sich zu ihr setzte und sie zu ihm kurz aufsah, durchfuhr es ihn wie ein Blitz. Das ist die Frau, die ich mein Leben lang gesucht habe. Diese Augen, so tief, so liebevoll, so gütig. Den ganzen Abend blickte er in ihre Augen. Am nächsten Tag flogen sie zusammen nach Italien.

Er fühlte sich plötzlich frei, so vergnügt. Er schaltete ab und empfand sein Tun als richtig. Kein Nachdenken über die Arbeit und Familie. Endlich war er dem Alltagstrott entronnen. Über den gesamten Tag verteilt trank er Wein und Bier und war somit gleichbleibend alkoholisiert. Was war ihm in den Vorjahren nicht alles entgangen! Die Welt schien rosarot. Als er wieder in Deutschland war, zog er gleich bei ihr ein. Die Vorsätze für ein neues Leben waren schnell gefaßt. »Mit dem Alkohol höre ich auf«, sagte er zu sich, als er den letzten Schluck aus der Weinflasche nahm.

Nach Hause traute er sich nicht. Ihm fiel keine bequeme Methode ein, seiner Autoschlüssel habhaft zu werden. Er hatte sich mit seiner Freundin in Freudenstadt am Abend verabredet. Er mußte heimlich zu Hause den Schlüssel holen, anders ging es nicht. Sehr erleichtert war er, als niemand zu Hause war. Fröhlich pfeifend trommelte er mit seinen Fingern auf das Leder seines Lenkrads, als er Richtung Schwarzwald fuhr. »Das hast du doch wieder gut hingekriegt. Es ist wunderbar, sich so frei und unabhängig zu fühlen.« Seine fliegenden Gedanken endeten plötzlich. Vom Erkennen der Situation bis zur Reaktion war die Zeit zu lang. Er bremste voll, konnte den Aufprall auf ein stehendes Auto nicht vermeiden. Ehe er weiterdenken konnte, erblickte er im Rückspiegel eine Polizeistreife. Als sie ihn aufforderte, in den Alkomaten zu pusten, war ihm klar, daß eine Flucht aus der Situation ausgeschlossen war. 2,5 Promille zeigte das Gerät und verhieß eine Kette von Ärgernissen und Unannehmlichkeiten. An die finanziellen Folgen mochte er nicht denken. Der Alkohol war schon gewissermaßen Lebenselixier. Jede notwendige Steigerung der Trinkmenge beförderte ihn in einen neuen Abhängigkeitsgrad. Sein Führerschein wurde gleich einbehalten, so daß er sich bis nach Würzburg mitnehmen lassen mußte.

Es quälte ihn eine riesengroße Anspannung und der Termindruck. Die Freundin wartete doch in Freudenstadt. Wenn er jetzt nicht rechtzeitig käme, wäre vielleicht diese Romanze schneller vorbei als gedacht. Eine telefonische Nachricht kam ihm nicht in den Sinn. Er könnte sich einen Mietwagen nehmen, und sein Terminproblem würde sich wie von selbst lösen. »Von Fahruntüchtigkeit kann keine Rede sein.« Kaum saß er wieder im Auto, machte er sich mit seiner eisernen Reserve Picollo Sekt angeblich fit. Schon wurde er ruhiger. Langsam wurde es dunkel. Immer fielen ihm für Sekunden die Augen zu. Zum Anhalten war er nicht entscheidungsfähig. Irgendwann ein plötzliches Rütteln, unangenehme Geräusche von berstendem Glas, deformiertem Blech und Kunststoffen. Das Auto blieb im Straßengraben liegen. Er war unfähig etwas zu tun, obgleich er keine Schmerzen verspürte. So ein Mist. Schon bald vernahm er das Blaulicht und das Martinshorn der Polizei. Er fühlte sich entwürdigt und leer, als sie ihn ohne viele Worte mit auf das Revier nahmen. Seine Personalien waren schnell aufgenommen. Nein, er war wirklich ganz unten angekommen. »Tiefer kann ich nicht mehr fallen.« Mit dem Zug fuhr er wieder zurück.

Er wartete den nächsten Tag bis zum Abend ab, bis seine Freundin wieder zurückkam. Er hatte keinen Schlüssel für ihre Wohnung, und nach Hause wollte er nicht gehen. Die Scham war größer als der Mut. Er freute sich sehr auf sie. Im Vergleich zu seiner Frau im mittleren Alter war sie jugendlich und selbstbewußt. Sie verlieh ihm den sog. Kick. Zunächst hagelte es von ihr endlose Vorhaltungen, die Verabredung nicht einzuhalten. Das hörte sich ganz so an wie bei seiner Frau. Eine Flasche Whiskey schien ihm widerspruchsfreien Trost zu spenden. Nach dem letzten Schluck aus der Flasche rutschte er auf den Fußboden und schlief im tiefen Rausch ein.

Einigermaßen klar denken konnte er erst wieder am nächsten Tag. Er war in einer geschlossenen Station der Psychiatrie. Seine Freundin mußte ihn eingewiesen haben. »Na, das ist ja eine schöne Freundin.« Mit seiner Gefühlswelt war er am Ende. Die Station durfte er erst wieder nach drei Tagen verlassen. Er hatte folglich viel Zeit zum Nachdenken. Nun packte ihn das Gewissen gegenüber seiner Frau. Seine Meinung kehrte sich wieder um. Er glaubte, seine Frau doch zu lieben und mit ihr zusammen das Leben zu verbringen. »Vielleicht gibt sie mir noch eine Chance?« Ein paar Tage später meldete er sich telefonisch bei ihr. Sie klang sehr ernst am Telefon. Die ganze Tragweite seiner Ausschweifungen ahnte sie sicher nicht. »Natürlich kannst du zu mir zurück. Du gehörst zu uns!« hatte sie gesagt. Bevor sie auflegte, fügte sie noch hinzu: »Aber nur, wenn du unwidersprochen eine Therapie beginnst.« Noch am selben Abend rief er sie von der Klinik aus an. Er war froh, daß sie ihm nochmal eine Chance gab.

Im Grunde seiner Person hat er Angst, die Anforderungen nicht zu schaffen, nicht zu erreichen, was er sich vorgenommen hatte. Er hat Angst davor, Schwäche und Hilflosigkeit zu offenbaren und dadurch gegenüber seinem Umfeld als schlecht angesehen zu werden. Mit der Motivation zur Leistung sowie dem Alleingang in Arbeit und Beziehung beruhigt er seine innere Furcht vor Ablehnung und Versagen. Da sich im wirklichen Leben – im Gegensatz zu seinen Phantasien – Erwartungen und Wunschvorstellungen ganz oft nicht erfüllen, kommt es regelmäßig zu enttäuschten Hoffnungen. Oft kann er dies durch das Verbergen seiner Gefühle hinter einem rauhen Auftreten vertuschen. Demut und Entschlossenheit statt Rauheit müßte seine Lebensdevise sein. Mit steter Regelmäßigkeit fühlt er sich dem Umfeld gegenüber ausgeliefert und hilflos. Vor sich selbst hat er versagt, soviel ist ihm klar, wenn mal etwas schiefgeht. Dann ist ihm alles egal, und die folgende Resignation betäubt er mit Alkohol. Dadurch erschafft er sich eine für ihn selbst erträgliche, alkoholisierte Welt. Je mehr er sich der Realität entzieht, je mehr er sich zurückzieht in die eigene Wunschwelt, um so klarer scheint ihm zu werden, wie sehr die anderen doch gegen ihn eingestellt sind. Je mehr er sich also von dem realen Leben entfernt, um so schwerer fällt es ihm, sich dem wirklichen Leben zu stellen. Alle Versuche, mit der Wirklichkeit doch irgendwie umzugehen, muten umständlich, gleichsam ungeschickt an und führen zwangsläufig zur Enttäuschung. Es bleibt nur noch der scheinbar einzig mögliche Rückzug in die Wunschwelt. Damit sind die Schwierigkeiten der Realität ausgeschaltet. Dies ist ein unheilvoller und selbsterzeugter Kreislauf, der immer wieder aufs neue in Gang gesetzt wird.

Ohne das Prüfen von möglichen Folgen und Konsequenzen ist er stets von seinen Wünschen so erfüllt, daß er sich mit einer gewissen Kindlichkeit seine Wünsche verwirklicht. Es fällt ihm immer wieder schwer, der Verletzlichkeit seiner Wünsche standzuhalten, und er fällt schon bei kleineren Enttäuschungen tief in eigene Selbstzweifel. Nur mit Alkohol kann er sich dann noch vormachen, daß seine innere Welt doch stimmt und die anderen im Unrecht sind.

4. Viele Wege führen nach Rom ... oder: Schritte aus der Abhängigkeit – Therapie und Hilfen

Wer was zu sagen hat, hat keine Eile, er läßt sich Zeit und sagts in einem Satz.

Erich Kästner

Viele Wege führen nach Rom, aber nur einer in die Therapie der Alkoholabhängigkeit: der Betroffene muß »am Ende« sein. Manche sterben, bevor sie »das Ende« erreicht haben. Manche haben schon öfter ihr Ende erreicht – sie waren aber noch nicht »am Ende«. Dieses »Am Ende-Sein« bedeutet, daß der Betroffene den Wunsch hat, sich zu verändern. Die meisten haben nur die Pflicht, sich zu verändern, weil dies ihr Arbeitgeber sagt oder der Ehepartner. Veränderung klappt aber erst, wenn der Betroffene für sich einsehbar »am Ende« ist. Der Betroffene muß also eigene innere Gründe für eine Veränderung haben. Erst wenn er aus sich selbst heraus merkt, daß er so nicht mehr leben will und daß er dazu auch an sich selbst etwas verändern muß, erst dann hat eine Behandlung Erfolg. Ein Betroffener kann nach 2 Jahren oder nach 35 Jahren seiner »Alkoholkarriere« am Ende sein. Er merkt selbst, wenn es soweit ist.

Meistens dauert es jedoch Jahre, manchmal Jahrzehnte, bis der Alkoholkranke therapeutische Hilfe annehmen kann. Es geht so lange gut, solange es gutgeht. Irgendwann geht jedoch nichts mehr. Dann tut es dem Betroffenen leid, was er alles getan hat. Dann ist er traurig und enttäuscht über sich selbst, daß er überhaupt mit dem Alkoholtrinken begonnen hat und nicht schon früher aufgehört hat. Aber in der Therapie lernt der Betroffene, daß seine Krankheit eben eine Krankheit ist. Ebenso wie sich ein Mensch nicht zur Asthma- oder Neurodermitiserkrankung entscheidet, ebenso wenig entscheidet sich der Alkoholiker zur Alkoholabhängigkeit. Auch Asthma und Neurodermitis sind Krankheiten, die lebenslang andauern. Das Leben kann sich zwischen den Polen »Exzeß« und »Abstinenz« bewegen. Die Alkoholabhängigkeit ist die »Allergie des Körpers« und die »Besessenheit des Geistes«[1]. Die Entstehung der Alkoholerkrankung hat also nichts mit seinem Willen zu tun. Sie hat etwas zu tun mit seinen Gefühlen, mit seiner Seele – oder griechisch: mit seiner Psyche. Die Alkoholabhängigkeit ist nicht ein »Durst der Kehle«, sondern ein »Durst der Seele«, wie Friedrich von Bodelschwingh einmal treffend bemerkte.

In der Therapie lernt der Betroffene, daß es nicht schlimm ist, daß er Alkoholiker ist. Aber es ist wichtig, etwas dafür zu tun, um trocken sein zu können und um abstinent zu leben. Denn nur so macht das Leben wieder Spaß und kann erfüllt sein. Die Konsequenzen für sein Verhalten, also alles, was wegen des Alkoholtrinkens passiert ist, kann der Alkoholiker lernen zu tragen. Er konnte es nicht verhindern, er ist nicht absichtlich Alkoholiker geworden. Er hat aber sein Verhalten allein zu verantworten. Schließlich ist er ein erwachsener Mensch. Um es noch einmal zu wiederholen: Den Alkoholiker trifft keine Schuld. Er kann nichts dafür, daß er abhängig geworden ist. Jeder könnte alkoholabhängig werden.

Mancher wird später arbeitssüchtig, mancher spielsüchtig, mancher nikotinabhängig, ein anderer medikamentenabhängig, ein Fünfter vielleicht drogenabhängig, und ein Sechster wird eventuell alkoholabhängig. Ein Siebter ist vielleicht ganz aufopferungsvoll und hat sich zur Lebensaufgabe gemacht, seine Eltern zu pflegen. Manche Menschen entwickeln auch mehrere Abhängigkeiten. Der Alkoholkranke macht nichts anderes als andere auch. Nur daß sich die anderen dabei »geschickter« verhalten und etwas nehmen, was nicht verpönt, sondern was sozial erwünscht, gleichsam »erlaubt« ist. Z.B. die Arbeit, später entwickeln die gleichen dann vielleicht eine Depression. Oder eben die Eltern. Die Pflege der älteren Menschen ist dabei noch etwas, was als uneigennützig angesehen wird. Es führt häufig bis zur Selbstaufgabe. Diese Suchtstruktur oder eben ein Ver-

1. [Anonyme Alkoholiker], *Alcoholics Anonymus Comes of Age*, New York, Harper, 1957, S. 279.

halten, was einen selbst stört oder auch andere, hat immer damit zu tun, daß der Betroffene kein Maß für bestimmte Dinge hat. Er macht irgendwie zuviel von etwas, er tut es zu oft und ist dabei voller Ungeduld. Er arbeitet, spielt, raucht, schluckt, schnupft, spritzt sich, trinkt, opfert sich auf. Alles sind verschiedene Variationen ein und desselben Themas. Um da herauszukommen, muß der Abhängige lernen, nahe bei seinen eigenen Gefühlen und Wünschen zu bleiben. Das geschieht am ehesten dadurch, daß er nahe bei seiner Erkrankung der Alkoholabhängigkeit bleibt, das heißt, viel über das Alkoholtrinken und das Leben der Abstinenz nachdenkt und es dann auch lebt. Nahe an seiner Erkrankung bleiben, heißt nahe an seinem Inneren bleiben, weil die Alkoholabhängigkeit ein Teil von ihm ist.

Bevor er nun in die Therapie geht, hat er gemerkt, daß er »am Ende« ist. Das Gefühl, »am Ende« zu sein, kann durch verschiedene Arten von Katastrophen und Unglücksfällen ausgelöst werden. Zurückweisung oder Verlassenwerden durch den Partner, Verlust der Arbeit oder eine aussichtslose Krankheit können dazu führen, sich für eine Behandlung der Abhängigkeit zu entscheiden. Das Am-Ende-Sein ist von Mensch zu Mensch ganz unterschiedlich. Es entsteht für den Betroffenen die Panik, keine Kontrolle mehr über sich zu haben. Ähnlich wie bei einem Auto auf glatter Straße. Wenn man dem Fahrer sagen würde, er soll ganz plötzlich bremsen, dann merkt er, daß seine Kontrolle begrenzt ist. Plötzlich stellt er fest, daß das Auto mit ihm durchgehen kann. Wenn er nun auf die Bremse drückt, scheint das Auto eher schneller zu werden und unkontrollierter. Es ist stärker als er. Das macht ihn panisch.

Aus einer ähnlichen Panik kann der Alkoholabhängige durch gutes Zureden von Freunden und Verwandten, auch von Therapeuten, kurz befreit werden. Der Alkoholiker fängt sich wieder und findet zurück zu seiner scheinbaren inneren Festigkeit. Kurz darauf wird der Betroffene aber ein noch viel katastrophaleres Ende erreichen. Die Entscheidung, Hilfe annehmen zu wollen, muß vom Alkoholiker ganz alleine kommen. Eigentlich will der Betroffene ja auch an einem bestimmten Zeitpunkt aufhören, er schafft es aber nicht. Das Verlangen ist einfach zu groß geworden. Eher zeigt der Alkoholkranke ein entwürdigendes Verhalten.

Dazu kommt, daß der Alkoholismus immer wieder als minderwertige Krankheit von vielen Menschen angesehen wird. Der Abhängige hört sehr häufig, daß er zu schwach sei, keinen Willen besäße und charakterlos sei. Das schürt in ihm den Wunsch zu beweisen, daß er nicht mehr trinken muß. Das klappt aber in aller Regel nur sehr kurz. Danach trinkt er wieder genauso viel und mehr als vorher. Das Ergebnis dieses Verhaltens ist, daß sich die Bekannten und Ehepartner wieder einmal bestätigt fühlen: er ist therapieunwillig, er ist schwach, er hat keinen Charakter. So ist es aber nicht. Er kann die angebliche Hilfe einfach nicht annehmen[2]. Er kann nicht über seinen Schatten springen und die Abhängigkeit zugeben. Alle Versuche, ihn zu bedrängen, scheinen noch stärker dazu zu führen, daß er keine Hilfe annehmen kann. »Mehr von demselben« heißt dieses Verhalten. Mehr von demselben Versuch, ihm zu helfen, führt dann mehr zu demselben ablehnenden, aggressiven Rückzugsverhalten des Alkoholikers. Nur in einer intensiven stationären Entgiftungs- und Motivationsbehandlung kann diese Arbeit geleistet werden. Mit gezielten therapeutischen Strategien gelingt es dann häufig, den Betroffenen direkt im Anschluß daran zu einer Entwöhnungstherapie zu bewegen[3].

Ein sehr erfolgreiches Behandlungskonzept wurde von Prof. Dr. Matthias Gottschaldt entwickelt[4]. Der Chefarzt der Oberbergklinik in Extertal-Laßbruch hat die Arbeit in den Kliniken kürzlich, im März 1999, in der Zeitschrift HALT dargestellt. In der Abhängigkeitstherapie stehen Gefühle, Gedanken und das Trinkverhalten im Zentrum und werden verändert[5].

2. Stetter, F.: *Sind Abhängigkeiten immer noch minderwertige Erkrankungen?*, TW Neurologie Psychiatrie 10, Heft 3, März 1996.
3. Stetter, F.: *Zurück ins Leben*. Halt, 3/99, 1999.
4. Gottschaldt, M. (1997): Alkohol und Medikamente: Wege aus der Abhängigkeit. Was uns im Leben prägt – Sucht als emotionales Problem. Stuttgart, TRIAS Thieme Hippokrates Enke, 1997.
5. Stetter, F.: *Psychotherapy with alcohol depent patients*. In G. Zernig, A. Saria & M. Kurz: *CRC Handbook of alcoholism: Clinical and theoretical approaches*. Boca Raton, CRC-Press, 1999.

4.1 Das Wichtigste zuerst: Scham, Nicht-Wahrhaben-Wollen und Enttäuschung über sich selbst

Nichts ist schwieriger, als an sich selbst genau das zu sehen, was die anderen an einem sehen. Nichts ist schwieriger für einen Alkoholiker, als sich die Abhängigkeitserkrankung einzugestehen. Als »Kapitän seiner Seele« glaubt er, alles im Griff zu haben.

Eine gute Frage ist sicherlich, warum es nun ausgerechnet bei der Alkoholabhängigkeit so lange dauert, bis Hilfe in Anspruch genommen wird. Warum so lange warten, bis die körperlichen, seelischen und die Beziehungsfolgen so groß sind?

Zum einen ist die Einsicht und Akzeptanz der Alkoholabhängigkeit für den Betroffenen deshalb so schwer und bedrohlich, weil er ja lange Zeit sein Trinkverhalten beschönigt hat. Bei der Konfrontation mit den wahren Trinkmengen geht er reflexartig in eine Verteidigungsposition. Er würde ja damit zugeben, nicht mehr der »Kapitän seiner Seele« zu sein. Von der Flasche besiegt zu werden, ist eine zu enttäuschende Erfahrung und nicht vereinbar mit der inneren Auffassung »Ich kann ...«. Leichter würde es ihm fallen zu sagen: »Ich kann dem Alkohol widerstehen. Ich kann den Alkohol besiegen«. Das Aufgeben dieses Lebensstils würde dem Betroffenen die ungewohnte, nüchtern betrachtete Realität vor Augen führen. Es folgt das Gefühl der Unfähigkeit, mit den Schwierigkeiten des Alltags ohne Alkohol zurechtzukommen. Der Alkoholiker ersehnt wieder den vertrauten Zustand durch das Trinken. Um sich wieder Sicherheit zu verschaffen, kehrt er lieber zu seinem alten Lebens- und Trinkstil zurück.

Zum anderen ist in der westlichen Gesellschaft der Alkoholismus so eng mit Willensschwäche, Charakterlosigkeit, Unreife, Aggressivität und dergleichen mehr verknüpft. Aus der Sicht des Betroffenen verstärkt dies seine Scham und sein Nicht-Wahrhaben-Wollen. Er würde sich ja nicht nur seine Alkoholerkrankung eingestehen, sondern gleichzeitig zugeben, daß er willensschwach, charakterlos, unreif und aggressiv ist.

Ein weiterer Grund für die Schamgefühle und das Nicht-Wahrhaben-Wollen liegt in der logischen Folge, daß er, falls er seine

Erkrankung anerkennt, seine Lebensführung radikal ändern muß. Dazu fühlt sich der Betroffene gerade zu Beginn der Behandlung nicht in der Lage. Für die Auflösung der Beschämtheit des Betroffenen ist es sehr wichtig, ihm das Signal zu geben: Es ist nicht so schlimm, was alles so passierte. Es ist nicht so schlimm, daß sich eine Alkoholabhängigkeit bei ihm entwickelt hat, denn er kann jetzt etwas dagegen tun. Er kann jetzt lernen, ein abstinentes Leben zu führen. Es liegt in seinen Händen. Er kann sich natürlich auch weiterhin sagen, wie schlimm es ist, daß er seine Frau und seine Kinder vernachlässigt hat, so daß ihn seine Frau schließlich verlassen hat. Auch weiterhin könnte er in diesen Gefühlen der Hilflosigkeit, Enttäuschung über sich selbst bleiben. Er könnte aber auch den Weg in ein neues Leben beginnen. Es liegt in seiner Hand. Er trägt die Verantwortung für seine Handlungen. Auch für die Konsequenzen des Alkoholismus. Es trifft ihn keine Schuld für Geschehenes, aber er trägt Verantwortung für das, was er tat. Nach der Beendigung des Trinkens sagt er sich oft: Es soll nicht so ein, wie es ist. Aber er besitzt die Zuständigkeit für sein Verhalten und für seine Gefühle. Es ist wichtig für ihn, wach und klar zu sein. Wichtig ist seine Einsicht in seine Erkrankung, die Einsicht in die eigene Abhängigkeit. Durch die Akzeptanz der Abhängigkeitserkrankung wächst auch sein Selbstbewußtsein. Damit verbunden ist die Kapitulation vor dem Alkohol. Die Kapitulation führt dazu, daß der Kampf gegen den Alkohol überflüssig wird.

Die erste wichtige Erfahrung auf dem Weg in das Leben der Abstinenz ist die innere Klarheit über die eigene Zuständigkeit. Nicht an falschen Kampfplätzen die Waffen zu erheben, sondern die Weisheit zu entwickeln, das eine vom anderen zu unterscheiden, ist das Ziel. Gegen die Alkoholflasche anzukämpfen hieße auch gegen Windmühlen zu kämpfen. Das wäre ein überflüssiger Kampf. Alle diese Kämpfe sind nur Ausdruck der noch nicht erfolgten Anerkennung der Abhängigkeitserkrankung, des noch nicht erfolgten Eingestehens der eigenen Schwächen, der noch nicht erfolgten Kapitulation vor dem Alkohol. Erst wenn sich der Betroffene auf seine eigenen Gefühle und Bedürfnisse bezieht, wenn er bei sich bleibt, dann erst wird der Alkoholismus als Teil im eigenen Selbst angesiedelt. So kann die Gelassenheit entstehen, Dinge zu ertragen, die er nicht verändern kann. So kann auch der Mut entstehen, Dinge zu ändern, die er ändern kann. Zu welchem Zeitpunkt und an welchem Ort seine Zuständigkeit für sich und seine Bedürfnisse besteht, gilt es weise zu unterscheiden.

Wann also kann ich etwas verändern mit Verantwortung für mein Verhalten, und wann ist es ein Kampf gegen Windmühlen, unklar, aussichtslos und verschwommen? Sobald der Kampf mit dem Alkohol wieder aufgenommen wird, ist der Kampf auch schon verloren, noch bevor auch der erste Schluck Alkohol getrunken wurde. Allein die Zuständigkeitsverschiebung, daß der Alkohol als eine Macht angesehen wird, gegen die ich kämpfen will und die ich besiegen will, bedeutet Verlust von Klarheit, bedeutet Abgabe der Verantwortung für die eigenen Bedürfnisse und das eigene Verhalten.

Die Alkoholerkrankung sollte mit der Zeit als ein Teil des eigenen Selbst angenommen und in die eigene Person gleichsam einsortiert, eingeordnet werden. Sie sollte selbstverständlich ungefragt zur eigenen Person dazugehören. Ebenso wie andere Dinge akzeptiert werden, die dem Alkoholiker wichtig sind, daß sie zu ihm gehören, sollte dies auch die Alkoholabhängigkeit sein. Das Bild von sich selbst wird um die Abhängigkeitserkrankung vervollständigt, und durch die Akzeptanz der Erkrankung und die Kapitulation vor den eigenen Schwächen wird es verändert. Ziel ist es, mit beiden zufrieden und mühelos abstinent leben zu können, mit den Stärken und Schwächen. Für ihn ist schlimm an seiner Realität, was er sich selbst in inneren Bildern zusammenbaut. Das, was er sich von der Realität vorstellt, was er sich wünscht, das klappt nicht. Nur durch die eigenverantwortliche Entscheidung aus veränderten Sichtweisen und Bewertungsmustern kann die Schaffung eines neuen, abstinenten Lebensstils erfolgen. Wenn die Beziehung zu sich selbst auf eine tragfähige, gesunde Basis gestellt wird, dann kann er – auch, wenn alles andere verlorengegangen ist – immer noch aus der guten Beziehung zu sich selbst schöpfen. An dieser Stelle kann endlich ein eigenes, neues Bild aufgebaut werden. Ein Bild von sich selbst, nicht auf dem Rücken des Partners. Mit diesem veränderten Bild von sich selbst gelingt es dann auch, die Bewältigungsmechanismen zu mobilisieren, um den Weg aus der Alkoholabhängigkeit zu gehen.

4.2 Co-Abhängigkeit der Angehörigen: Ein falscher Frieden?

Im fortgeschrittenen Stadium der Alkoholerkrankung nimmt der Partner des Alkoholikers eine bestimmte selbstgewählte Beziehungsrolle ein. Er kann nun Autorität ausüben und das wiederholte Trinken bestrafen, er kann anfangen, den Betroffenen zu beschützen oder auch Geduld zeigen und abwarten. Alle diese Spielarten in der Beziehung, durch die Erkrankung selbst mit angestoßen, kann der Alkoholiker nicht ertragen. In der Vergangenheit wurde deutlich, daß auch nach der Therapie die Gefahr eines Rückfalls sehr viel größer war, wenn der Betroffene in eine unbehandelte Familie zurückkam. Für den Süchtigen findet die Familie Entschuldigungen, weil sie auf diese Weise die Co-Abhängigkeit nicht aufgeben muß. Die Gründe dafür liegen oberflächlich in einer Angst vor dem Zusammenbruch der Partnerschaft, wo der alkoholabhängige Partner doch so geliebt wird. Angehörige fürchten um den Familienfrieden, Arbeitskollegen befürchten Konsequenzen, Untergebene haben Angst, den Vorgesetzten anzusprechen, und Freunde wollen sich nicht einmischen. Die Co-Abhängigkeit ist ebenso wie der Alkoholismus als eine Krankheit im Rahmen des Suchtprozesses anzusehen[6].

Die größte Selbsthilfegruppe für Co-Abhängige als Angehörige von Alkoholikern ist »Al-Anon«. Dort wird der Schwerpunkt darauf gelegt, wie mit dem Alkoholiker gelebt werden kann. Der Schwerpunkt liegt dabei aber auf der Co-Abhängigkeit als eigenständige Erkrankung. Das deutlichste Merkmal der Co-Abhängigkeit besteht in der Außenorientierung.

6. Schaef, A.W.: *Co-Abhängigkeit – Die Sucht hinter der Sucht*. München, Heyne, 1986.

Der Partner des Alkoholkranken hat ein schweres Los. Er schwankt zwischen Liebe und Wut und glaubt, in einer ausweglosen Falle zu sitzen. Mehr als einmal hat er dem alkoholkranken Partner geglaubt, als dieser schwor, nie mehr zu trinken, und fühlte sich im Vertrauen schwer enttäuscht, als dieser wieder mit dem Trinken anfing. Um sich vor diesen Enttäuschungen zu schützen, hat er beschlossen: »Seine Versprechen haben keinen Wert.« Die Trennung oder die Scheidung ist da für viele Partner der einzige Ausweg. Die meisten Partner bleiben jedoch bei dem Betroffenen. Dies erfordert aber einen gewissen Selbstbetrug und Rechtfertigungen, weil die Verwandten und Freunde ihn fragen werden, warum er nur bleibt. Der Partner des Betroffenen ist im Grunde sehr unglücklich, und er erhofft sich, daß alles besser wird, wenn dieser nicht mehr trinkt. Aber die Nüchternheit des Betroffenen führt eher zu Schwierigkeiten als zur Besserung. Die Familie gerät aus dem Gleichgewicht, da sie nun die Probleme und Konflikte nicht mehr so leicht auf den trockenen Alkoholkranken schieben kann.

Auch das mangelnde sexuelle Interesse kann nicht mehr auf den Alkoholiker geschoben werden. Und es können nun keine Vorwürfe mehr wegen des Alkoholtrinkens erhoben werden. Diese neue Situation hat nichts mehr mit dem Alkoholiker und seinem Trinken zu tun, weil er ja nun trocken ist.

Dahinter steht ursächlich die eigene Schwierigkeit des co-abhängigen Partners. In der emotionalen Co-Funktion versucht der Co-Abhängige über Vorwürfe Schuldgefühle beim trockenen Alkoholiker zu erzeugen. Da der Betroffene früher nie aufhörte mit dem Trinken, konnte der Co-Abhängige gewiß sein, daß er enttäuscht wurde. Das war jedes Mal vorprogrammiert. Diese Enttäuschung bezog sich aber eigentlich nicht so sehr auf das Verhalten des Betroffenen. Vielmehr hatte der co-abhängige Partner den eigenen Ärger über unerfüllte Wünsche und Bedürfnisse auf das Verhalten des Abhängigen gemünzt und als einzig mögliche Reaktion auf dessen Verhalten interpretiert. Es war dem Co-Abhängigen aber nicht bewußt und klar, daß es dabei um Enttäuschungen ging, die etwas mit ihm zu tun hatten und die er gewissermaßen an der Person und dem Verhalten des Abhängigen wiederholte. Diese Enttäuschungen stammten aus eigenen biographischen Erfahrungen in Beziehungen.

Grundsätzlich können zwei verschiedene Formen der Co-Abhängigkeit beobachtet werden. In dem einen Fall hat der Co-Abhängige einen relativ eigenständigen Lebensstil entwickelt, »der Unabhängige«. Die Beziehung zu dem Betroffenen ist eher gleichgültig. Zärtlichkeit und Sexualität werden eher vermieden. Eine gefühlsmäßige Beziehung zwischen beiden existiert eigentlich gar nicht. Der Co-Abhängige befriedigt seine Bedürfnisse nach Anerkennung und Zuwendung außerhalb der Beziehung. Der einzige relativ konstante gefühlsmäßige Kontakt besteht in den Streitsituationen.

Auch früher schon hat sich der Alkoholkranke über das Verhalten seines Partners geärgert. Weil er sich so geschämt hat und weil er sich auch schuldig gefühlt hat an der schlechten Situation, hat er das alles aber ertragen. Nur wenn er betrunken war, hat er darüber gesprochen. Nach der Therapie will der trockene Alkoholiker nun versuchen, wieder eine bessere Beziehung zu seinem Partner zu bekommen. Daran ist der Co-Abhängige jetzt aber nicht mehr interessiert. Viel zu lange schon hat er darauf gewartet. Jetzt hat er sich sein Leben neben dem Alkoholiker so eingerichtet, daß er es zum großen Teil alleine führt. Der Co-Abhängige möchte seinen Partner aber auch nicht verlieren. Dadurch gerät das jahrelang festgerüttelte Gleichgewicht in Gefahr. Der Co-Abhängige versucht nun, den alten Zustand wiederherzustellen. Wenn der Alkoholiker aber trocken bleibt und seine Abstinenz leben kann, dann haben beide ein Problem. Der co-abhängige Partner wird wiederum aus Hilflosigkeit heraus den Betroffenen noch häufiger zurückweisen und sich zunehmend über diesen ärgern.

In dem anderen Fall erscheint der Alkoholiker als eine Last und eine Bürde, die der Co-Abhängige aber mittlerweile braucht, um sich in der Beziehung gut zu fühlen, »der Leidende«. Typisch für diese Form der Co-Abhängigkeit ist die Klage über die häuslichen Unannehmlichkeiten bei Freunden und Verwandten. Dort sucht er Trost, Unterstützung und Mitleid für seine schwierige Situation. Auch bei Kindern in der Familie wird der Alkoholiker negativ dargestellt, um hier ebenfalls Unterstützung zu finden. Aus seiner eigenen Biographie bringt der Co-Abhängige in aller Regel ein strenges Gewissen mit und versucht nun, den Betroffenen für sein Leiden verantwortlich zu machen. Da der trockene Alkoholiker in seiner Therapie gelernt hat, für sich selbst einzustehen, bei sich zu bleiben und für seine Bedürfnisse Verantwortung zu übernehmen, wird er diese Schuldgefühle zurückweisen. Die gleichermaßen neuen »kantigen« Seiten des trockenen Alkoholikers sorgen regelmäßig für Streit in der Beziehung. Streit ist nun zumindest ein positives Anzeichen, daß zwischen beiden wieder eine Beziehung existiert. Im Gegensatz zur früheren Beziehungslosigkeit mischt sich der Betroffene wieder in die Beziehung ein. Sie lebt wieder. Da darf es auch mal zu Konflikten kommen. Trotz kurzer Trennungen kommt der Co-Abhängige immer wieder zum Betroffenen zurück, weil er glaubt, daß ihn der Betroffene braucht. Aber eben nur ein Partner, der sein Alkoholtrinken fortsetzt, ist ein Partner, mit dem der Co-Abhängige leben möchte. Der Co-Abhängige ärgert sich zunehmend darüber, weil die gesamten eingefahrenen Verhaltensweisen und die gewohnten Konfliktlösungen nichts mehr wert sind.

Für den Alkoholabhängigen stellen diese Situationen in seiner Beziehung ein hohes Rückfallrisiko dar. Nun steckt er selbst in einer Zwickmühle. Entweder meldet er seine Bedürfnisse an, und es kommt zu turbulenten Streitereien, die dann schließlich zur Trennung führen. Oder er wird rückfällig. Dann wäre die altgewohnte Situation wiederhergestellt. Auch wenn es hier paradox klingen mag: Ohne daß es dem Co-Abhängigen bewußt wäre, fühlt er sich wieder besser, dann ist alles wieder »im Lot«.

Aus all diesen Gründen ist es sehr wichtig, den Partner des Betroffenen in die Therapie mit einzubeziehen. In paartherapeutischen Gesprächen können beide Partner auf die veränderte Beziehungssituation vorbereitet werden. Es kann wieder eine Basis gefunden werden, um gemeinsam die Beziehung zufrieden zu erleben. Jeder der beiden hat ja seine Anteile an den Beziehungsschwierigkeiten. Diese Anteile können in dieser »kleinen Paartherapie« deutlich gemacht, aufgearbeitet und zu Neuanfängen verändert werden. Manchmal hat der Alkoholabhängige im Rahmen seiner Erkrankung auch andere außereheliche sexuelle Beziehungen begonnen, die er jetzt bereits wieder beendet hat. Solche Erfahrungen sind für den Partner sehr kränkend und leisten ebenfalls ihren Anteil zur Ausprägung und Festigung des co-abhängigen Verhaltens. In den gemeinsamen Gesprächen kann auch deutlich werden, daß der Co-Abhängige einen gewissen unbewußten Nutzen aus der Erkrankung des Partners gezogen hat. Der früher vielleicht eher dominante Partner war erkrankt und damit hilfsbedürftig. Dies wertet den co-abhängigen Partner mitunter etwas auf, da er nun in der einflußnehmenderen Beziehungsposition ist. Nach der Therapie gibt es diese krankheitsbedingte Schwäche nicht mehr. Jetzt wird es wichtig, eine neue, eine andere Art und Weise des Lebens in der Beziehung zu entwickeln. Viel Verständnis und Vertrauen gegenüber dem anderen sind dabei von großer Bedeutung. Nur mit diesem gegenseitigen Verstehen der Position des anderen kann es möglich werden, es noch einmal neu und anders miteinander zu versuchen. Dies klappt unserer Erfahrung nach immer gut.

Später ist es unabdingbar, daß beide eine Selbsthilfegruppe besuchen, am besten jeder eine eigene. Es wird nur dann möglich, auch über Dinge zu sprechen, über die nur gesprochen wird, wenn der andere Partner nicht dabei ist. Ansonsten würde der Besuch der Selbsthilfegruppe nur in ein gemeinsames Harmonieprojekt umgewandelt werden. Empfehlenswert ist es, daß der trockene Alkoholiker z. B. die »Anonymen Alkoholiker« und der Co-Abhängige die »Al-Anon« besuchen.

4.3 Es gibt Schlimmeres: Der Rückfall

Ein Rückfall ist keine Katastrophe. Ein Rückfall ist ein gut bekanntes Merkmal der Abhängigkeitserkrankung. Aber es ist sehr wichtig, sofort den Rückfall zu unterbrechen, ihn zu begrenzen und sich dann fachgerechte Hilfe zu holen. Noch besser ist es natürlich, wenn ein Betroffener Strategien anwendet, damit gar nicht erst ein Rückfall entsteht. Dies klappt aber nicht bei allen Betroffenen. Es wäre gut, wenn jeder Betroffene, der auch eine Entwöhnungstherapie gemacht hat, die gelernten Möglichkeiten zur Vorbeugung von Rückfällen in der entscheidenden Situation auch einsetzen könnte. Wenn das jedoch nicht möglich ist, vielleicht weil das Gefühlschaos einfach alles überlagert, dann ist es sehr wichtig, nach diesem Rückfallbeginn sofort das Alkoholtrinken wieder zu unterbrechen.

Um einen Rückfall rechtzeitig zu erkennen, ist es erforderlich, in der Zeit der Entwöhnungstherapie eine Sensibilität für die emotionalen Vorläufer des Rückfalls zu entwickeln. Im Rahmen des Oberbergtherapiekonzeptes bezeichnete Professor Gottschaldt diese Vorläufer als »trockene Rückfälle«. Solange innere Klarheit über die eigene innere Situation herrscht, kann die emotionale Ausgangslage eines Rückfalls erkannt werden.

Ein »nasser Rückfall« beginnt da, wo der erste Schluck Alkohol getrunken wird. Es ist extrem wichtig, immer bei sich selbst zu bleiben. Die eigene Zuständigkeit jederzeit für sich sortieren zu können und damit auseinanderzuhalten: Was sind meine Anteile und Gefühle, und was sind die des Beziehungspartners oder anderer Personen?

Die Klarheit über die persönlichen Besonderheiten jedes einzelnen Alkoholabhängigen, die ihn in die Alkoholabhängigkeit hineingeführt haben, bilden die Grundlage für das Erkennen von »trokkenen Rückfällen«. Diese tieferliegenden Muster von Bewertungen der eigenen Situation werden dann bei allen Situationen, die nicht so laufen, wie es der Betroffene sich gerne gewünscht hätte wieder aktiviert. Die wahrgenommenen Situationen müssen nicht unbedingt immer auch etwas mit der tatsächlichen Situation zu tun haben.

Viele sozialwissenschaftliche Untersuchungen haben eindeutig gezeigt, daß bis zu 50 % der Patienten nach einer Therapie wieder rückfällig werden. Etwa 70 % davon werden in den ersten drei Monaten nach der Therapie rückfällig.

In dieser ersten Zeit nach der Therapie ist die hohe Sensibilität und Aufmerksamkeit auf sich selbst daher besonders wichtig. Rückfall heißt aber nicht immer Rückfall. Bei dem einmaligen kurzen Trinken von Alkohol kann von einem »Fehltritt«, »Ausrutscher«

oder »Vorfall«[7] gesprochen werden (englisch: »lapse« oder »slip«). Wenn sich die alte Verhaltens- und Trinkgewohnheit aber wieder einstellt, dann ist ein »ausgewachsener«[8] Rückfall passiert. Also das, was man landläufig unter einem Rückfall auch versteht.

Der Rückfall ist das Endstadium des »Sich-Aufgebens«. In einer Situation, in der der trockene Alkoholiker unsicher ist und ihm seine Alkoholkompetenz und -sicherheit fehlen, kommt ganz schnell die Sehnsucht nach dem Suchtstoff. Das Gefühl der Unsicherheit und die erlebte Unfähigkeit, mit dem Alltag zurechtzukommen, kann schnell dazu führen, den alten Lebensstil wieder aufzunehmen, um die alte Sicherheit wieder herzustellen.

Ein Rückfall macht dem Betroffenen deutlich, daß er noch mehr auf sich selbst achten und stärker bei sich selbst bleiben muß. Er sollte auch positiv zurückschauen auf seine bisherige, geschaffte Abstinenz und sehen, daß er schon sehr weit gekommen ist. Wenn er jetzt wieder aufhört, kann er noch viel mehr für sich schaffen.

Aus all dem Gesagten geht hervor, daß ein Achten auf sich selbst, das Bei-Sich-Bleiben, Sich-Beobachten und das Sich-und-die-Umwelt-Analysieren enorm wichtig sind zur Vorbeugung von Rückfällen. Als Angehöriger kann das Verhalten des Betroffenen durch »Entdramatisierung« positiv gefördert werden.

4.4 Anders geht es auch: Therapiemöglichkeiten

Nur kurz soll an dieser Stelle auf konkrete Möglichkeiten zum therapeutischen Umgang mit der Abhängigkeitserkrankung eingegangen werden.

Beratungsstellen

Die erste Hilfe kann immer bei einer Suchtberatungsstelle in Anspruch genommen werden. Vor allem, wenn sich der Betroffene

7. Marlatt, G. A. & Gordon, J. R.: Relapse prevention. New York, Guilford Press, 1985.
8. Arend, H.: Alkoholismus, Weinheim, Beltz, 1994.

noch nicht so sicher ist, ob er wirklich alkoholabhängig ist, aber trotzdem sein Trinkverhalten kontrollieren möchte. Jede sinnvolle Behandlung einer Alkoholabhängigkeit kann nur mit einer stationären Anfangsphase von sechs bis acht Wochen beginnen. Alle anderen Versuche dienen nur der Selbsttäuschung und führen letztlich aus unserer Erfahrung heraus immer wieder zur stationären Therapie zurück.

Stationäre Entgiftungs- und Entwöhnungstherapie
Die Behandlung der Alkoholabhängigkeit setzt sich im stationären Bereich einer Klinik grundsätzlich aus zwei Phasen zusammen: der Entgiftungs- und der Entwöhnungsbehandlung.

Die Entgiftungsbehandlung kann in einem »Akutkrankenhaus« wie auf der internistischen Station eines üblichen Allgemeinkrankenhauses oder in einer Spezialklinik für Suchterkrankungen erfolgen. Nur durch den Anschluß einer Entwöhnungstherapie kann es dem Alkoholiker gelingen, seine Erkrankung zu akzeptieren, die gefühlsmäßigen Ursachen seiner Erkrankung kennenzulernen und über eine Veränderung der inneren Bewertungen künftigen Rückfällen vorzubeugen.

Zu Beginn einer Entwöhnungstherapie geht es um die Erarbeitung einer Akzeptanz der Erkrankung sowie um die Kapitulation vor dem Suchtstoff Alkohol und vor den krankmachenden Lebensbedingungen. Im nächsten Schritt geht es darum, die Abhängigkeitserkrankung im eigenen Selbst anzusiedeln. Nach dieser erarbeiteten und entstandenen Klarheit geht es um die Rückfallvorbeugung. In diesem Behandlungsabschnitt werden neue Verhaltensweisen und neue Bewertungsmöglichkeiten aufgebaut, um in möglichen Rückfallsituationen die Abstinenz beibehalten zu können. Es werden Strategien erarbeitet, wie die gefühlsmäßigen Vorläufer eines möglichen Rückfalls oder auch ein möglicher Vorfall unterbrochen und begrenzt werden kann.

Ambulante Entgiftungs- und Entwöhnungsbehandlung
Ambulante Entgiftungen sind grundsätzlich nicht empfehlenswert, weil lebensgefährliche Komplikationen auftreten können, auf die

nicht rechtzeitig von fachgerechter Seite reagiert werden kann. Hier besteht eine große Gefahr von Krampfanfällen.

Behandlungsergebnisse bei stationärer Entgiftungsbehandlung sowie bei ambulanter und stationärer Entwöhnungstherapie

Die Ergebnisse bei der Behandlung der Alkoholabhängigkeit sind nicht ganz so negativ, wie häufig in der Öffentlichkeit dargestellt. In einer Nachuntersuchung acht Monate nach Abschluß einer stationären Entgiftungs- und Motivationstherapie haben von 529 Alkoholkranken 242 Betroffene (46 %) eine Entwöhnungsbehandlung begonnen und lebten nach acht Monaten abstinent. 227 Patienten haben keine weitere Therapie durchgeführt (43 %) und wurden alkoholrückfällig, 60 Betroffene nahmen nicht teil an dieser Nachbefragung[9].

In weiteren Untersuchungen blieben nach zwei Jahren 51 % der planmäßig entlassenen und 41 % aller Befragten – auch die, welche die Therapie abbrachen und rückfällig wurden, zählen dazu – abstinent. Im ambulanten Bereich blieben 33 % aller Befragten abstinent[10]. Bei einer Befragung nach 4 Jahren der stationären Entwöhnungsbehandlung waren 50 % der planmäßig entlassenen Patienten und 41 % aller Befragten trocken[11].

Kurzum kann davon ausgegangen werden, daß die Hälfte der mit einer Entwöhnungstherapie behandelten Betroffenen trocken bleibt. Ohne Entwöhnungstherapie werden schon bis acht Monate nach Abschluß der Entgiftung alle Betroffenen rückfällig.

9. Stetter, F. & K. Mann: Zum Krankheitsverlauf Alkoholabhängiger, Nervenarzt, 68, 574–581, 1997.
10. Vollmer, H. & Kramer, S.: Ambulante Behandlung junger Alkoholabhängiger, München, Töttger, 1982.
11. Jung, U. & Bühringer, G.: Ergebnisse stationärer Verhaltenstherapie, In I. Hand & H.U. Wittchen, Verhaltenstherapie in der Medizin, Berlin, Springer, 1989.

4.5 Selbsthilfegruppen

Die erfolgte stationäre oder ambulante Entgiftungs- und Entwöhnungstherapie ersetzt nicht den Besuch von Selbsthilfegruppen. Nur durch regelmäßigen Besuch kann das Therapiergebnis aufrechterhalten werden. Die Selbsthilfegruppen haben weiterhin die wichtige Aufgabe, den Übergang in die Lebensnormalität zu unterstützen und bei der Gestaltung des Alltags zu helfen. Die Selbsthilfegruppen besitzen eine gleichberechtigte Stellung zwischen den ambulanten und stationären Einrichtungen, sie ergänzen sich gegenseitig. Selbsthilfegruppen besitzen ihren festen Platz in der Behandlung der Alkoholabhängigkeit. Die Einsicht und das Verstehen der emotionalen Grundlagen und auch der verzerrten Wahrnehmungs- und Bewertungsmuster der Abhängigkeitserkrankung sowie die neu aufgebauten Verhaltensweisen zur Verhinderung und Vorbeugung von Rückfällen müssen ständig genährt und sich dadurch erneut bewußt gemacht werden. Nur durch den regelmäßigen Besuch der Selbsthilfegruppen mindestens für die einjährige Entwöhnungsbehandlung mit stationärem Grundabschnitt und ambulanter psychotherapeutischer Entwöhnungstherapie kann die innere Nähe und Aufmerksamkeit gegenüber der Alkoholabhängigkeit, die Klarheit, die aus der Kapitulation heraus entsteht, erhalten werden.

Die bekannteste und am weitesten verbreitete Selbsthilfegruppe für Betroffene ist die der *Anonymen Alkoholiker*. Auf der ganzen Welt ist diese Selbsthilfegruppe erreichbar. Sie wurde 1935 durch den New Yorker Börsenmakler, Bill W., und den Chirurgen, Dr. Bob S., in Akron, Ohio, gegründet. Beide litten sehr unter der Krankheit Alkoholismus. In Deutschland wurde die erste Gruppe der Anonymen Alkoholiker nach dem zweiten Weltkrieg am 31. Oktober 1953 durch amerikanische Soldaten in München gegründet. Heute gibt es, nach dem Stand von 1997, in der Bundesrepublik Deutschland 2.300 Gruppen. Die Anonymen Alkoholiker bilden eine weltweite Gemeinschaft, in der sie einander helfen, nüchtern zu bleiben. Alkoholiker helfen sich und anderen, »trocken« zu werden und zu bleiben. Sie gehen davon aus, daß mit dem Trinken nur der aufhören kann, der den Wunsch dazu hat. Die Anonymen Alkoholiker sind Männer und Frauen, die entdeckt und eingestanden haben, daß der Alkohol ein Problem für sie geworden ist. Sein verworrenes Denken und seine unglücklichen Gefühle kann der Alkoholiker wieder zurechtrücken, indem er die »Zwölf Schritte« der Anonymen Alkoholiker anwendet. Sie sehen den Alkoholismus als Krankheit an. Sie gehen davon aus, daß der Alkoholiker sein Trinken nicht kontrollieren kann, er ist vom Alkohol abhängig. Sie sagen, der Alkoholismus kann nur zum Stillstand gebracht werden durch die totale Abstinenz und eine Änderung der Lebensführung durch Leben im Programm der Anonymen Alkoholiker. Sie wissen, daß ein Alkoholiker wieder in den Zustand des abhängigen Trinkens zurückfällt, wenn er als genesender Alkoholiker die Abstinenz verletzt. Indem sie Tag für Tag ganz ohne Alkohol leben, haben sie gelernt, den Alkoholismus zum Stillstand zu bringen. So werden die Betroffenen »genesende Alkoholiker«. In Deutschland existieren auch andere Selbsthilfegruppen[12] wie Blaues Kreuz, Guttempler, Kreuzbund und Freundeskreis.

Das *Blaue Kreuz* wurde durch Rochat 1877 in Genf begründet. Durch Laienhelfer werden dem Alkoholiker auf der Grundlage des Evangeliums religiöser Beistand und Unterstützung gegeben. Beratungen, Hausbesuche und auch Gruppengespräche gehören zum Therapieangebot. Die Arbeit wird durch trockene Alkoholiker angeleitet. Zur Erweiterung der Interessen können Hobbykurse und kulturelle Veranstaltungen genutzt werden.

Die *Guttempler* wurden 1851 in Utica im US-Bundesstaat New York gegründet. Seit 1889 existieren auch Gruppen der Guttempler in Deutschland. Sie verpflichten sich als politisch und konfessionell neutrale Bewegung zu einer lebenslangen Alkoholabstinenz. Dies schließt ein, weder Alkohol herzustellen, zu verkaufen oder anderen Menschen anzubieten. Hilfen für Alkoholiker und Suchtgefährdete werden gegeben. Auch Veranstaltungen zur Geselligkeit und für unterschiedliche Interessen werden durchgeführt.

Der *Kreuzbund* wurde 1896 durch den Kaplan Neumann in Deutschland gegründet. Als katholische Suchthilfe- und Helferge-

12. Schlüter-Dupont, L.: Alkoholismus-Therapie, Stuttgart, Schattauer, 1990.

meinschaft bietet er allen Alkoholikern und den Angehörigen unabhängig von deren Religionszugehörigkeit und Weltanschauung Hilfe. Ziel ist die dauerhafte Abstinenz. Hobbies und Sport können in der Gruppe durchgeführt werden.

Alle diese Selbsthilfegruppen leisten ihren Beitrag bei den Bemühungen der Betroffenen, abstinent zu leben. In manchen dieser Gruppen können auch die Angehörigen der Alkoholiker teilnehmen und einbezogen werden. Damit ein eigenständiger und eigenverantwortlicher Raum für den Umgang mit der Erkrankung erhalten bleibt, ist es jedoch besser, daß beide Partner getrennte Gruppen besuchen. Die Anonymen Alkoholiker haben für co-abhängige Partner von Alkoholikern eigene Selbsthilfegruppen gegründet, die *Al-Anon* und die *Alateen.* Auch für Familien existieren Selbsthilfegruppen, *Al-Fam.* Diese können die Betroffenen neben dem Besuch ihrer Selbsthilfegruppe mit der ganzen Familie regelmäßig besuchen, um einen anderen Umgang mit den Folgen und Auswirkungen der Erkrankung zu finden.

In Deutschland treffen sich etwa 100.000 Frauen und Männer einmal wöchentlich in über 80.000 Selbsthilfe- und Abstinenzgruppen für Alkohol- und Medikamentenabhängige und auch für deren Angehörige. Auch für Eltern von drogenabhängigen Kindern existieren Selbsthilfegruppen.

5. Perspektiven: Empfehlungen für Angehörige

Wenn jeder an sich denkt, ist an alle gedacht.

Redeweise

Was aber können Sie als Angehörige tatsächlich tun? In diesem Kapitel wollen wir Ihnen ganz praktische Schritte vorschlagen, die Sie unternehmen können. Zum Teil kommen wir auch auf bisher schon Gesagtes zurück. In den folgenden Abschnitten wollen wir die Quintessenz aus den bisher schon im Text beschriebenen Hilfsmöglichkeiten für Sie formulieren.

Wir haben unsere Empfehlungen in acht konkrete Schritte zusammengefaßt. Die ersten fünf Schritte betreffen vor allem die »nasse Zeit«, in der der alkoholabhängige Angehörige noch nicht bereit zur Therapie ist. Die Schritte sechs bis acht sind für die Zeit nach einer Therapie gedacht. Dabei gehen wir im achten Schritt ganz speziell auf das Rückfallproblem ein.

Erster Schritt: Holen Sie sich Hilfe von außen!

Es ist als Angehöriger meistens nicht möglich, dem Suchtkranken alleine zu helfen. Der Angehörige wird in die Verwirrungen und Verirrungen des alkoholabhängigen Partners mit hineingezogen. Er merkt es oft gar nicht, wie dabei die eigene geistige Klarheit verlorengeht. Und schon ist der Angehörige dabei, die Verantwortung für die Gefühle des alkoholkranken Partners und für andere Dinge zu übernehmen, die er bzw. sie lieber selbst regeln sollten. Die Gefahr der Co-Abhängigkeit ist einfach recht groß. Und das führt den Alkoholkranken ganz bestimmt nicht aus seiner Sucht heraus, sondern läßt ihn vielmehr in seinem Suchtverhalten verharren. Um dieser Gefahr der Co-Abhängigkeit nicht zu erliegen und bestehende Co-Abhängigkeiten aufzulösen, ist es wichtig, immer wieder innezuhalten und psychischen Abstand herzustellen. Alleine ist das kaum möglich. Selbst Profis, erfahrene Therapeuten, die mit Suchtkranken arbeiten, nehmen hierzu regelmäßig Supervision oder das fachliche Gespräch mit Berufskollegen in Anspruch. Wenden Sie sich daher an eine Suchtberatungsstelle und an eine Selbsthilfegruppe. Dort bekommen Sie Rat und Unterstützung für den sehr schwierigen und nervenaufreibenden Umgang mit dem alkoholabhängigen Partner. Dort hilft man Ihnen, den nötigen Abstand herzustellen und die so wichtige eigene Klarheit zu finden.

Viele Suchtberatungsstellen bieten in der Zwischenzeit Angehörigengruppen an, teils als Selbsthilfegruppen, teils auch unter fachlicher Anleitung eines Suchttherapeuten. Nehmen Sie diese Hilfsangebote an. Im nächsten Kapitel finden Sie hierzu einige Informationen und Adressen, die Ihnen dazu hilfreich sein können.

Wichtig ist ein regelmäßiger und langfristiger Besuch der Selbsthilfegruppen. Denn nur dann haben Sie eine Chance, sich aus bereits bestehenden, die Alkoholabhängigkeit Ihres Partners aufrechterhaltenden co-abhängigen Verhaltens- und Beziehungsmustern zu lösen. Vielleicht erscheint Ihnen der Weg zur Selbsthilfegruppe anfangs schwer, als notwendiges Übel, vielleicht sogar überflüssig. Oft erleben Angehörige starke Schamgefühle, kommen sich vor wie Aussätzige, wenn sie das erste Mal zu einer Suchtberatungsstelle oder zu einer Selbsthilfegruppe gehen. Sie werden aber die Erfahrung machen, daß Sie viel durch Ihre Selbsthilfegruppe profitieren können. Sie werden erkennen, daß Sie nicht alleine dastehen, daß Ihre Probleme in der Gruppe sehr gut verstanden werden, weil andere Angehörige ganz ähnliche Probleme haben. Viele Angehörige haben die Erfahrung gemacht, daß sie anfänglich nur wegen ihres alkoholabhängigen Partners zur Selbsthilfegruppe gegangen sind. Im Laufe der Zeit ändert sich das meistens, so daß sie in erster Linie für sich selbst hingehen.

Ein häufiges Problem ist auch, daß sich viele Angehörige spontan aus ihrem Verwandten-, Freundes- und Bekanntenkreis zurückziehen, wenn sie erkennen müssen, daß ihr Partner alkoholkrank ist. Sie schämen sich für die Alkoholabhängigkeit ihres Partners. Sie versuchen, diese zu verheimlichen und sprechen nicht darüber. Dieser Rückzug aus dem Freundeskreis ist leider ein großer Fehler.

Denn es ist wichtig, daß Sie auch in Ihrem näheren sozialen Umfeld den einen oder anderen Menschen finden, von dem Sie sich verstanden fühlen und mit dem Sie sich vertrauensvoll über Ihre Probleme und Nöte unterhalten können, auch über die Alkoholabhängigkeit Ihres Partners. Es geht nicht darum, jedem x-beliebigen Bekannten die Alkoholerkrankung Ihres Partners auf die Nase zu binden. Vielmehr ist es wichtig, daß Sie Ihren Bekanntenkreis aufrechterhalten. Also, kapseln Sie sich nicht ab, isolieren Sie sich nicht, sondern suchen Sie bewußt Hilfe bei Ihren Verwandten, bei Ihren Freunden und Bekannten. Bauen Sie sich bewußt Freundschaften und Bekanntschaften auf, in deren Gesellschaft Sie sich getragen und wohl fühlen können.

Zweiter Schritt: Setzen Sie klare, deutliche und spürbare Grenzen! Erdulden Sie keine aggressiven Übergriffe. Machen Sie Ihrem alkoholabhängigen Partner deutlich, daß Sie solche Grenzüberschreitungen nicht hinnehmen werden. Kehren Sie nichts unter den Teppich. Sondern suchen Sie bei aggressiven Übergriffen Hilfe bei Ihren Nachbarn, Freunden und Verwandten. Auch die Polizei ist hier der richtige Ansprechpartner.

Wenn Sie Kinder haben, dann schützen Sie sie ebenfalls vor aggressiven Übergriffen. In diesem Fall ist es auch sinnvoll, die Wohnung alkoholfrei zu halten. Lassen Sie es nicht zu, daß der alkoholkranke Elternteil als Vorbild für die Kinder exzessiv Alkohol vor den Augen der Kinder trinkt. Appellieren Sie an die Verantwortung Ihres alkoholkranken Partners den Kindern gegenüber. Es geht hier nicht darum, das Ansehen des Alkoholkranken vor seinen Kindern zu schützen. Nein – es geht hier um den Schutz der Kinder, die nicht unbedingt bereits verstehen können, daß ihre Mutter oder ihr Vater krank ist und deswegen exzessiv trinkt und dabei aggressiv oder zurückgezogen und verschlossen ist.

Überlegen Sie, was für Sie persönlich wichtig ist, wo Ihre ganz persönlichen Grenzen liegen. Welche Pflichten hat Ihr Angehöriger zu übernehmen? Fordern Sie von Ihrem Partner die Einhaltung dieser Grenzen. Fordern Sie auch von ihm, daß er sich in eine kompetente Behandlung begibt, zum Beispiel bei der örtlichen Suchtberatungsstelle. Verhalten Sie sich konsequent! Drohen Sie weniger, sondern setzen Sie Konsequenzen in die Tat um. Lassen Sie sich dabei nicht von irgendwelchen Versprechungen besänftigen oder umstimmen! Konsequentes Verhalten ist zwar anstrengend, führt oft auch zu Unmut und Widerstand auf Seiten des Alkoholkranken, ist aber die beste Hilfe für ihn.

Dritter Schritt: Denken Sie über Trennung und Scheidung nach!
Oft wird vergessen, daß es sich bei der Alkoholabhängigkeit um eine schwere Erkrankung handelt, die einer fachkundigen therapeutischen Behandlung bedarf. Die Gefahr, sich selbst an die Stelle eines Therapeuten zu setzen, ist groß. »Wenn ich ihm schon nicht helfen kann, wer denn dann sonst?« Wenn Sie merken, daß Ihre Bemühungen, Ihre Geduld, Ihr Aushalten keine Früchte trägt, dann verfallen Sie nicht in den Fehler, Ihre Hilflosigkeit zu verleugnen. Viele Angehörige erleben häufig Schuldgefühle und werten sich ab. »Was habe ich bloß falsch gemacht? Warum habe ich versagt? Ich bin ihm ein schlechter Ehepartner! Ich muß mich schämen, weil ich ihm nicht helfen kann!«, »Ich muß mich nur noch mehr anstrengen, dann wird er mit dem Trinken aufhören!« oder »Wenn ich jetzt nicht weitermache und ihn verlasse, dann lasse ich ihn doch im Stich! Das kann ich doch nicht tun!« Machen Sie sich immer wieder klar, daß der Alkoholabhängige krank ist. Daß seine Suchterkrankung nicht Ausdruck Ihrer Unfähigkeit oder Ihrer mangelnden Anstrengung ist. Genauso wenig ist es undenkbar, sich von dem alkoholabhängigen Partner zu trennen. Er hat ja die Verantwortung für sein Leben und nicht Sie. Sie lassen ihn, wenn Sie sich von ihm trennen, also nicht im Stich. Wenn Sie merken, daß es für Sie nicht mehr geht, dann erwägen Sie die Trennung. Es ist keine Seltenheit, daß erst die vollzogene Trennung des Angehörigen von seinem alkoholabhängigen Partner die entscheidende Motivation hin zur Therapie aufbaut. Verlassen Sie Ihren Partner, wenn er nicht tatsächlich den Wunsch entwickelt, trocken zu werden und abstinent zu leben. Wenn alle Geduld keine Früchte trägt. Wenn er aggressiv auf Sie oder Ihre Kinder reagiert. Lassen Sie sich weder Ihr Leben noch das Leben Ihrer Kinder ruinieren. Viel-

leicht sind Sie jemand, der gerne an Beziehungen festhält, der sich schwer tut, die Trennung zu vollziehen, hin- und hergerissen ist, wenn es darauf ankommt. Wir möchten Ihnen Mut machen, auch dann Ihren eigenen Weg zu gehen und nicht krampfhaft die Beziehung zusammenzuhalten. Wenn Sie merken, daß es nicht mehr geht und Sie bleiben dennoch bei Ihrem alkoholkranken Partner, dann verlängert sich nur sowohl Ihr Leidensweg als auch der Ihres alkoholkranken Partners. Oft machen sich Angehörige Angst, indem sie glauben: »Alleine kommt er doch nicht mehr klar. Was soll denn dann aus ihm werden? Er wird es nicht aushalten!« Es wird sicher schwer für ihn werden. Er wird die Konsequenzen seines »nassen Verhaltens« wesentlich deutlicher spüren, wenn Sie sich trennen. Es wird ihm nicht mehr so leicht fallen, diese Konsequenzen einfach wegzutrinken. Und das ist genau seine Chance, die er hat, um die Motivation hin zu einer Therapie aufbauen zu können. Argumenten und dem gesunden Menschenverstand sind Suchtkranke in ihrer »nassen Zeit« in aller Regel nicht zugänglich. Reden alleine hilft daher meist wenig. Konsequentes Handeln ist jetzt wichtig, und wenn es bedeutet, sich von ihm oder von ihr trennen zu müssen.

Vierter Schritt: Verurteilen Sie Ihren alkoholabhängigen Partner nicht für sein Trinken!
Versuchen Sie sich immer wieder daran zu erinnern, daß Ihr Partner nicht einfach so Alkohol trinkt. Als Suchtkranker kann er den Alkohol nicht mehr kontrollieren. Nicht er hat den Alkohol im Griff, sondern umgekehrt, der Alkohol hat ihn im Griff. Auch wenn er vielleicht immer noch so tut, als wäre es anders herum. Sein Trinken hat nichts mit Haltlosigkeit, Versagen oder fehlender Willenskraft zu tun. Es ist einfach Ausdruck oder Symptom seiner Alkoholabhängigkeit, einer schweren Erkrankung. Er ist aufgrund seiner Alkoholabhängigkeit nicht minderwertig, genauso wenig wie Menschen, die an anderen Erkrankungen leiden. Kranke Menschen, ob alkoholabhängig, zuckerkrank, herzkrank, usw., sind genauso wertvolle Menschen wie Gesunde auch. Sicher wird Ihre Geduld in Ihrer Beziehung zu einem alkoholkranken Menschen auf eine harte

Probe gestellt. Immer wieder die gleiche Enttäuschung. Widerstehen Sie der Gefahr, in die Verantwortung Ihres Partners zu gehen. Fangen Sie jetzt nicht an, sein Trinken zu kontrollieren. Lassen Sie ihn, werten Sie ihn nicht ab, verurteilen Sie ihn nicht, verweisen Sie ihn auf seine Eigenverantwortung. Erinnern Sie sich daran, daß er krank ist. Sie könnten sich sagen, er hat eine schwere Neurodermitiserkrankung oder eine Asthmaerkrankung. Alkoholismus ist ja die *Allergie des Geistes.* Vielleicht hilft Ihnen dieser Gedankengang dabei, gelassen und ruhig zu bleiben und nicht in abwertendes und vorwurfsvolles Verhalten zu verfallen. Vorwürfe, Anklagen, Niedermachen, Entwerten usw., all das hilft nichts. Oft führt es nur zur Aufrechterhaltung der Co-Abhängigkeit und letztlich zur Verschlimmerung und Verlängerung des Leidensweges.

Fünfter Schritt: Übernehmen Sie die Verantwortung für sich selbst und nicht die für Ihren alkoholkranken Angehörigen!
Immer wieder machen gerade an diesem Punkt viele Angehörige die größten Fehler. Sie glauben, den Alkoholabhängigen in Watte packen zu müssen, damit ihn nichts belastet. Alle möglichen Kränkungen, Aufregungen und auch ganz alltägliche Pflichten werden ihm dann abgenommen, damit er »genesen« kann. Denn dann erlebt er ja keinen »Frust«, dann muß er sich ja nicht ärgern, und dann braucht er auch nichts zu trinken. Das klappt aber so nicht. Der Alkoholabhängige kann dann einfach leichter sein »nasses Verhalten« leben. Er erlebt dadurch nur weniger äußeren Druck, der aber dafür wichtig ist, sich für eine adäquate Behandlung entscheiden zu können.

Das andere Extrem ist, den alkoholabhängigen Partner zu gängeln, seine Trinkrationen einzuteilen, ihn zu kontrollieren, ob er etwas getrunken hat oder nicht. Oft meint man dann, daß der Partner dadurch eine Chance hat. Denn »... wenn er schon selbst die Kontrolle verloren hat, dann übernehme ich sie eben für ihn!« Auch dies führt nicht in die richtige Richtung, denn der alkoholabhängige Partner wird spätestens jetzt beginnen, heimlich zu trinken. Außerdem trägt er jetzt die Verantwortung für sein Scheitern nicht mehr alleine. Ein exzellentes Hintertürchen für ihn, um vor der Tragweite seiner Suchterkrankung weiter die Augen zu verschließen. Also werden Sie nicht zum Hilfspolizisten!

Wichtig ist auch, das Verdrängen und Leugnen der Alkoholabhängigkeit als Angehöriger nicht mitzumachen. Wenn Ihr alkoholabhängiger Partner Sie zum Beispiel bittet, ihn bei seinem Arbeitgeber wegen Grippe zu entschuldigen, obwohl er wegen seines exzessiven Trinkens nicht aus dem Bett kommt, dann tun Sie das nicht, weder um Ihren Stolz noch um seinen Ruf zu schützen. Lügen Sie nicht für ihn. Wenn er unbedingt lügen möchte, und das ist seine Entscheidung und seine Verantwortung, dann lassen Sie ihn das selber tun. Lassen Sie ihm seine Probleme. Denken Sie nicht zuviel für ihn. Nehmen Sie ihm nicht zu viele Dinge ab, die er auch selbst erledigen könnte. Verfallen Sie nicht in den Fehler, sich für ihn aufzuopfern. So schwach ist Ihr alkoholkranker Partner nicht. Auch gutgemeinte Fürsorglichkeit hilft hier überhaupt nichts, sondern schreibt nur den bisher entwickelten Zustand des Trinkverhaltens fest. Je mehr Verantwortung Sie für Ihren alkoholabhängigen Partner übernehmen, je mehr Sie sich für ihn aufopfern, um so eher bleibt er in seinem bedrohlichen Zustand gefangen.

Es gibt nur einen Weg, der aus allem herausführen kann, und der heißt, Verantwortung für sich selbst zu übernehmen. Bleiben Sie bei sich selbst, bei Ihren Gefühlen, denken Sie vor allem an sich, an Ihre Werte, an Ihre Ziele, an Ihre Wünsche und Bedürfnisse. Die Alkoholabhängigkeit Ihres Partners ist nicht Ihre Krankheit, sie ist nicht Ihr Problem, es ist das Problem Ihres Partners, und er muß sie leben und seinen Weg mit ihr finden, nicht Sie! Das mag sich egoistisch anhören. Ist es aber nicht. Die beste Hilfe, die Sie dem Alkoholkranken geben können, ist die, daß Sie die Verantwortung für sein Leben ihm zurückgeben und ab sofort viel mehr an sich selbst denken. Das fällt vielen Angehörigen besonders schwer. Viele Ängste sind hiermit verknüpft. Manchmal hat man als Angehöriger schon dramatische Stunden und Szenen hinter sich gebracht, die man nicht noch einmal erleben will. Zum Beispiel, wenn der Alkoholabhängige am Morgen schon mit seinen Entzugssymptomen aufsteht, zittert, sich kaum auf den Beinen halten kann, den Kaffee aus einer Schnabeltasse trinken muß, damit er ihn nicht verschüttet. Er weiß, daß er jetzt Alkohol braucht, um wieder ruhiger zu werden. Wenn jetzt die Alkoholvorräte aufgebraucht sind, wird es dramatisch. Lehnen Sie es ab, jetzt für ihn Schnaps oder Bier zu kaufen. Das ist in seiner Verantwortung, auch wenn er es selber vielleicht nicht mehr schafft. Gehen Sie hier nicht in seine Verantwortung. Bieten Sie ihm statt dessen an, einen Krankenwagen zu rufen oder ihn selbst ins Krankenhaus zu fahren, das ist vernünftige Hilfe, die Sie jetzt geben können. Lassen Sie ihn aber mit dem Alkohol in seiner Eigenverantwortung. Das ist im wahrsten Sinne des Wortes sein Bier, und nicht Ihres.

Also bleiben Sie bei sich selbst. Überprüfen Sie immer wieder, ob das, was Sie tun, wirklich das ist, was Sie tun möchten. Leben Sie nicht gegen Ihre Bedürfnisse nur für Ihren alkoholabhängigen Partner. Nein! Übernehmen Sie die Verantwortung für Ihre Wünsche und Bedürfnisse. Betrügen Sie sich nicht selbst. Halten Sie nicht Ihre eigenen Gefühle und Sichtweisen zurück, nur weil diese nicht ins harmonische Bild hineinpassen. Lange genug haben Sie den ewigen Schwüren Ihres alkoholkranken Partners mit großer Hoffnung geglaubt, und immer wieder wurden Sie dabei schwer enttäuscht. Nach der *Täuschung* kommt eben die *Enttäuschung*. Betreiben Sie also keine Selbsttäuschung mehr, sondern achten Sie auf Ihr Inneres und leben Sie danach!

Sechster Schritt: Verbessern Sie die Kommunikation mit Ihrem alkoholabhängigen Angehörigen!

Solange Ihr Partner noch in der »nassen Phase« steckt, wird ein Arbeiten an der Kommunikation nur wenig Erfolg haben. Daher ist dieser Schritt vor allem für die Zeit nach einer erfolgten Behandlung gedacht, in der der Alkoholabhängige bemüht ist, trocken zu leben. Versuchen Sie dann, einander wirklich zuzuhören. Machen Sie sich die Mühe, einander zu verstehen. Reservieren Sie Zeit, die nur für Sie beide ist, in der Sie sich gegenseitig alle Ihre Gefühle und Erfahrungen mitteilen können. »Erwischen« Sie ihn dabei, wie er etwas Positives tut. Verstärken Sie ihn in dem, was er gut kann. Glauben Sie daran, daß er trocken leben kann. Reden Sie über die Vergangenheit, über die Verletzungen, den Ärger, die Traurigkeit, die Hilflosigkeit, die Sie während der »nassen Zeit« erlebt haben. Miteinander reden ist das Lebens-Elexier Ihrer Beziehung. Auch wenn soviel Gram, enttäuschte Hoffnungen und Verletzungen noch da sind. Reden Sie miteinander. Oft ist es schwierig, solche Gespräche selbst durchzuführen. Am besten wenden Sie sich an Ihre Suchtberatungsstelle. Dort wird man gerne bereit sein, mit Ihnen Paar- oder Angehörigengespräche zu führen, die Sie beide wirklich weiterbringen und Ihren alkoholabhängigen Partner in seiner Abstinenz stützen.

Siebter Schritt: Gestalten Sie Ihr Leben gemeinsam neu!
Nach einer ambulanten oder stationären Behandlung wird Ihr Partner versuchen, abstinent zu leben. Unterstützen Sie ihn dabei. Verfallen Sie aber nicht in den Fehler, Verantwortung hier für ihn zu übernehmen. Der fünfte Schritt gilt nach wie vor. Jetzt sind Geduld und Verständnis füreinander wichtig. Das Leben läuft jetzt völlig anders. Nach einer längeren stationären Behandlung haben die Angehörigen oft den Eindruck, einen völlig anderen Ehemann, eine ganz andere Mutter, einen ganz anderen Sohn zurückbekommen zu haben. Die Angehörigen erkennen aber auch ihren alten Partner wieder, so wie er früher war, als die Alkoholabhängigkeit noch nicht so kraß in Erscheinung getreten war. Der alkoholabhängige Partner übernimmt jetzt wieder mehr Verantwortung und erscheint nicht mehr so schwach wie früher. Dies ist nicht nur angenehm. Denn er spricht nun bei Entscheidungen wieder viel mehr mit als früher. Wenn er Kritik oder Wünsche äußert, dann läßt er sich nicht mehr so schnell umstimmen, wie das in der »nassen Zeit« der Fall war. Sie müssen sich wieder aneinander gewöhnen. Der Alkoholkranke muß jetzt in seiner Abstinenz seinen Platz und seine Position in seiner Familie und seiner Beziehung zu Ihnen wiederfinden. Hilfreich ist hier, wenn Sie sich über Ihre eigenen Erwartungen an Ihren alkoholabhängigen Partner klar werden. Häufig machen sich die Angehörigen hier viele Illusionen. Machen Sie Abstriche. Erwarten Sie nicht den idealen Ehepartner, nicht die ideale Mutter usw. Nein, erwarten Sie einfach einen Partner, der als alkoholkranker Mensch seinen Weg sucht und dabei mit den gleichen Alltags-

problemen konfrontiert ist wie andere Menschen auch. Er ist genausowenig perfekt wie andere Menschen. Das hat nichts mit seiner Alkoholabhängigkeit zu tun. Das hat damit zu tun, daß wir einfach nur Menschen sind, auch Ihr alkoholabhängiger Partner.

Wenn er jetzt regelmäßig seinen Therapeuten in der Beratungsstelle aufsucht, regelmäßig zu seiner Selbsthilfegruppe geht, sich Zeit nimmt für andere Alkoholiker und deren Familien, dann unterstützen Sie ihn darin. Es ist für ihn wichtig. Denn so kann er den in der Behandlung gefundenen und aufgebauten Abstand zum Alkohol aufrechterhalten und stabilisieren.

Nutzen Sie jetzt die Chance, gemeinsam mit Ihrem Partner Ihre gegenseitige Beziehung neu zu gestalten. Machen Sie gemeinsame Unternehmungen, die Ihnen beiden Spaß und Freude bereiten.

Achter Schritt: Betrachten Sie Rückfälle nicht als Katastrophe!
Rückfälle gehören zur Alkoholabhängigkeit dazu. Sie sind Symptome dieser schweren Erkrankung. Es kann daher auch Ihrem Partner passieren, daß er rückfällig wird. Nicht zuletzt aus diesem Grund sollten Sie bald nach Beendigung seiner Behandlung in einer Klinik miteinander darüber sprechen, wie Sie mit Rückfällen umgehen werden, welche Konsequenzen Rückfälle haben werden. Bedenken Sie dabei, wenn Ihr Partner rückfällig wird, dann bedeutet das nicht, daß er haltlos ist, daß er nur einen schwachen Willen hat, daß er nicht einsichtig ist. Jeder Rückfall macht einfach deutlich, daß der Alkoholabhängige an einer sehr schweren Erkrankung leidet. Mit Abwertungen und Schuldzuschreibungen ist dann weder Ihnen noch Ihrem alkoholkranken Partner geholfen. Oft wird dadurch nur der Rückfallschock verschlimmert, der es dem Alkoholkranken besonders schwermacht, seinen Rückfall zu begrenzen. Mit dem Rückfallschock ist gemeint, daß der rückfällige Alkoholabhängige über seinen Rückfall schockiert ist und mit Schuld- und Versagensgefühlen wie auch mit Selbstabwertungen reagiert. Vielleicht erinnern Sie sich jetzt an das zweite Kapitel. Wir haben dort mehrere Bewertungsmuster besprochen, die man bei vielen Alkoholkranken finden kann, zum Beispiel das zweite Muster, *Alkoholtrinken als Bewältigungsstrategie,* und genau dieses Muster wird

durch Schuldgefühle, Ärger und Wut auf sich selbst, also durch diesen Rückfallschock, aktiviert. Der Rückfall wird dadurch eher eskalieren. Sie können den Alkoholkranken unterstützen, seinen Rückfall zu begrenzen, indem Sie

- mit ihm sprechen, sich für ihn Zeit nehmen und ihn ermutigen, seinen Rückfall zu begrenzen,
- von ihm fordern, seine Selbsthilfegruppe aufzusuchen und Kontakt mit seinem Therapeuten aufzunehmen,
- ihm dabei helfen, sich abzulenken von seinen »alkoholischen« Gedanken,
- mit ihm besprechen, daß sein Rückfall nicht Zeichen von Minderwertigkeit ist, sondern ein Symptom seiner schweren Erkrankung,
- ihm klarmachen, daß ein Rückfall keine Katastrophe ist, sondern es jetzt darum geht, seinen Rückfall zu begrenzen, und indem Sie
- Ihren Partner ermutigen, erneut eine Entgiftungsbehandlung mit anschließender Rückfallbehandlung durchzuführen, wenn er mit dem Trinken nicht wieder aufhören kann.

Auch wenn der Alkoholabhängige es schafft, seinen Rückfall zu begrenzen, ist es wichtig, daß er diesen Rückfall auch gefühlsmäßig aufarbeitet. Dazu benötigt er vor allem seinen Suchttherapeuten und seine Selbsthilfegruppe. Aber auch Sie können ihn hier zusätzlich unterstützen, indem Sie über Ihre Gefühle zu seinem Rückfall mit ihm sprechen und sich dabei auch seine Sichtweise und Gefühle anhören. Helfen Sie ihm dabei, seine Gefühle auszudrücken. Lehnen Sie es aber ab, als Ersatz für die Selbsthilfegruppe oder als Ersatz für seinen Therapeuten mit ihm zu sprechen. Fordern Sie von ihm, daß er seinen Rückfall mit seinem Suchttherapeuten und in seiner Selbsthilfegruppe aufarbeitet.

Wenn Sie merken, daß der Alkoholkranke seinen Rückfall nicht begrenzen kann und weitertrinkt, aber auch nichts dagegen tut, dann machen Sie das nicht einfach mit. Fordern Sie von Ihm, daß er sich sofort in eine angemessene Suchttherapie begibt.

6. Kliniken und Informationen: Adressen und Telefonnummern

Ihre örtliche Suchtberatungsstelle als wichtigen Anlaufpunkt können Sie in Ihrem Telefonbuch nachschlagen. Diese ist meist eingetragen unter

Suchtberatungsstelle,
Psychosoziale Beratungsstelle oder
Drogenberatungsstelle.

Wenn Sie in Ihrem Telefonbuch nicht fündig werden, dann geben Ihnen die freien Wohlfahrtsverbände, wie zum Beispiel die Arbeiterwohlfahrt, der Deutsche Paritätische Wohlfahrtsverband, die Diakonie oder der Caritasverband, gerne Auskunft über entsprechende Beratungsstellen. Auch das örtliche Gesundheitsamt ist hier der richtige Ansprechpartner. Sie haben auch die Möglichkeit, bei der *Telefonseelsorge* anzurufen. Das Telefon ist dort rund um die Uhr besetzt. Die bundeseinheitliche Nummer lautet:

0800/1110111

Dort kann man Ihnen recht schnell Adressen von geeigneten Beratungsstellen in Ihrer Nähe nennen. Sie können hierzu auch das Telefon zur Suchtvorbeugung *der Bundeszentrale für gesundheitliche Aufklärung* in Köln anrufen, unter der Nummer:

0221-892031 (täglich 10.00 – 22.00)

In der Gemeinschaft der Al-Anon-Selbsthilfegruppen, die seit 1952 existieren, können Sie immer Unterstützung und Hilfe bekommen. Diese Selbsthilfegruppe wurde ausschließlich für Angehörige von Alkoholikern, für Co-Abhängige, gegründet. Für Kinder von Alkoholikern im Teenageralter wurde die Alateen-Selbsthilfegruppe als Teil von Al-Anon geschaffen. Informieren Sie sich bitte unter folgender Adresse über die Al-Anon-Selbsthilfegruppe in Ihrer Umgebung:

Al-Anon-Familiengruppen, Zentrales Dienstbüro, Emilienstraße 4, 45128 Essen, Tel. 0201/773007

In 41 großen Städten in der Bundesrepublik Deutschland existieren Kontaktstellen der Anonymen Alkoholiker. Die Adressen der Veranstaltungsorte der einzelnen Gruppen stehen in der Broschüre »AA Kontakte«, die Sie für DM 8,00 unter der folgenden Adresse und Telefonnummer beim Literaturvertrieb (telefonisch nur vormittags) der zentralen Kontaktstelle in Deutschland bestellen können:

Anonyme Alkoholiker Interessengemeinschaft e. V., – Literaturvertrieb –, Postfach 46 02 27, 80910 München, Tel. 089/3169500, Fax 089/3165100

Unter der Adresse und Telefonnummer der Deutschen Hauptstelle gegen die Suchtgefahren können Sie auch die Adressen für andere Selbsthilfegruppen in Ihrer Umgebung erfahren.
Für eine allgemeine Information über die Erkrankung und eine Zusammenstellung von Suchtfachkliniken in Ihrer Umgebung geben die Deutschen Gesellschaften zur Information und Therapie bei Suchterkrankungen mit folgenden Adressen Auskunft:

Deutsche Hauptstelle gegen die Suchtgefahren e. V. (DHS), Geschäftsstelle, Westring 2, 59065 Hamm/Westfalen, Tel. 02381/90150

Deutsche Gesellschaft für Suchtforschung und Suchttherapie e. V., Tel. 02381/497998

Folgende Kliniken werden als Spezialkliniken für die Therapie der Alkoholabhängigkeit empfohlen:

a) Für Patienten, die in der Bundesversicherungsgesellschaft für Angestellte (BfA), in einer der Landesversicherungsanstalten (LVA) oder in einer gesetzlichen Krankenkasse versichert sind:

Klinik am Hellweg, Fachkrankenhaus für suchtkranke Männer im Evangelischen Johanniswerk e. V., Robert-Kronfeld-Straße 12, 33813 Oerlinghausen, Tel. 05202/702-0

Fachklinik Bad Tönnisstein, 56626 Andernach, Tel. 02636/57-0

Fachklinik Furth im Wald, Eichertweg 37, 93437 Furth im Wald, Tel. 09973/502-0

Therapeutische Gemeinschaft, Haus Burgwald, In der Mordach 3, 34367 Mühltal, Tel. 06151/9462-0

Fachklinik Wilhelmsheim, 71570 Oppenweiler-Wilhelmsheim, Tel. 07193/52-0

Weiterhin existieren zahlreiche Entwöhnungseinrichtungen in den psychiatrischen Fachabteilungen der Landeskrankenhäuser.

Weitere Kliniken für eine Entgiftungs- und Entwöhnungstherapie in Ihrer Umgebung lassen sich ebenfalls in der Broschüre »AA Kontakte« finden (Anonyme Alkoholiker Interessengemeinschaft e. V., – Literaturvertrieb –, Postfach 46 02 27, 80910 München, Tel. 089/3169500, Fax 089/3165100).

b) Für Patienten, die bei einer privaten Krankenkasse versichert sind, beihilfeberechtigt sind oder die ihre Therapie selbst bezahlen, werden folgende Kliniken empfohlen:

- Norddeutschland
  Oberbergklinik für Psychotherapie, Psychiatrie und Psychosomatik, Brede 29, 32699 Extertal-Laßbruch, Tel. 05754/87-0

- Süddeutschland
  Oberbergklinik für Psychotherapie, Psychiatrie und Psychosomatik, Oberberg 1, 78132 Hornberg, Tel. 07833/792-0

- Berlin/Brandenburg
  Oberbergklinik für Psychotherapie, Psychiatrie und Psychosomatik, Am großen Glubigsee 46, 15864 Wendisch Rietz, Tel. 033679/64-100

7. Schluß oder »Reden ist Silber ...« Eine wichtige Empfehlung für die abstinente Zeit

Weniger ist mehr.
Seamus Heaney

Reden ist Silber, aber Schweigen ist nicht immer Gold. Nur manchmal. Genau hier schließt sich der Kreis. Es ist wichtig, die Weisheit zu entwickeln, das eine vom anderen zu unterscheiden. Wach zu sein, zu erkennen, wenn es darum geht, gelassen zu handeln. Agil zu sein, wenn es darum geht, den Mut für eine Veränderung aufzubringen. Mit dieser selbstbewußten Einstellung werden Sie wissen, wann es Zeit ist zu reden, und wann es einmal besser ist, nichts zu sagen. Ludwig Wittgenstein schrieb einmal: »Wovon man nicht sprechen kann, darüber muß man schweigen!«

Lassen Sie nicht Ihren inneren und äußeren Dialog zu Ihrem Partner abreißen. Reden Sie mit ihm! Und wenn Sie mal verzweifelt sind, dann greifen Sie einfach zu diesem Büchlein hier und lesen ein paar Schritte aus Kapitel 5. Ziehen Sie sich bei einer Enttäuschung durch Ihren Partner nicht gekränkt in sich zurück. Reden Sie mit ihm darüber! Sie werden merken, daß es Ihnen dann oft besser geht. Dann spüren Sie, wie all die Kümmernisse des Alltags, die erst so groß schienen, klein werden. Andernfalls kommt wieder das eisige Schweigen, wie in der folgenden kurzen Geschichte von James Thurber:

»Ein Weber schaut mit staunender Bewunderung zu, wie eine Seidenraupe ihren Kokon in einem Maulbeerstrauch spann. ›Woher bekommst du das Zeug?‹ erkundigte sich der begeisterte Weber. ›Kannst du was damit anfangen?‹ fragte die Seidenraupe eifrig. Mehr sprachen sie nicht miteinander, der Weber und die Seidenraupe, weil jeder von ihnen glaubte, der andere habe sich über ihn lustig gemacht.«

In diesem Buch haben wir Ihnen viele Vorschläge für konkretes Handeln im Beziehungsalltag mit einem alkoholkranken Menschen gemacht. Manches klingt bald wie ein Ratschlag, bald wie eine Belehrung. Auch wir wissen nur zu gut, daß drei Belehrungen auch eine Beleidigung sein können. Wer mag schon immer belehrt werden? Wir wollen Sie nicht belehren, wir wollen Ihnen keine Ratschläge geben, wir wollen Ihnen nicht sagen, was Sie machen müssen. Was wir Ihnen allenfalls geben können, sind Vorschläge. Was Sie mit diesen Vorschlägen tun, das entscheiden Sie ganz alleine. Schließlich sind Sie selbst für Ihr Handeln, für Ihre Gefühle und für Ihr Denken verantwortlich. Trotz alledem hoffen wir, Ihnen mit dem Gesagten eine Hilfe und Unterstützung gegeben zu haben.

Danksagung

Danken möchten wir zuallererst unseren Ehefrauen, die jede auf ihre Art uns bei der Entstehung des vorliegenden Bändchens unterstützt und begleitet haben. Ihrem Verständnis für manche Hektik, für manch schnelles Gespräch und manch lange Nacht sei gedankt.

Wir möchten auch der Lektorin des Verlages, Frau Gehrmann, danken. Trotz vieler Verzögerungen, Verschiebungen und Neuanfänge in der Anfangsphase der Manuskriptentwicklung hat sie stets ein geduldiges und offenes Ohr für alle unsere Anliegen und Wünsche gehabt. Danken möchten wir an dieser Stelle auch Herrn Dr. Schlüter-Dupont, der durch seine Ideen einen kreativen Anstoß für die inhaltliche Gestaltung des Buches gab. Für die umfangreichen Anregungen auch im Hinblick auf die Ergebnislage bei Alkoholismustherapien danken wir sehr Herrn PD Dr. Stetter. Sehr wichtig in der täglichen Arbeit mit Betroffenen waren für uns Frau Hempel und Herr Werner, die uns durch gemeinsames Nachdenken über die Schwierigkeiten der Betroffenen und um die eigene Situation im Umgang mit ihnen immer wieder halfen, eine eigene Klarheit herzustellen. Dafür danken wir beiden. Die daraus entstandenen Gedanken und Ideen sind in das vorliegende Buch eingeflossen. Maßgeblich beeinflußt wurde der inhaltliche Entwurf des Buches auch durch Frau Walter. Wir danken ihr für die vielen Arbeitsstunden in der Anfangszeit der Entstehung des Buches. Mehr als Basis und Fundament sind wir in posthum sehr Herrn Prof. Dr. Gottschaldt zu Dank verpflichtet. Seine innovativen Ideen und Sichtweisen zur Entstehung und Behandlung des Alkoholismus haben das Buch bereichert. Für die institutionelle Unterstützung der Oberbergklinik Extertal-Laßbruch sagen wir Dank an Frau Dr. Gottschaldt, Herrn Dr. Schlüter-Dupont und Herrn PD Dr. Stetter sowie allen nicht namentlich nennbaren Mitarbeitern, die durch viele Gespräche und Anregungen mit zu dem Gelingen des Buches beigetragen haben.

Literaturempfehlungen

An dieser Stelle geben wir Ihnen einige Literaturempfehlungen, die hilfreich sind, wenn Sie sich weiter über die Alkoholabhängigkeit informieren und in das Thema vertiefen wollen.

Anonyme Alkoholiker: Das Blaue Buch.
In diesem Büchlein werden die 12 Schritte oder Traditionen der Anonymen Alkoholiker ausführlich dargestellt. Was mit der »Kapitulation vor dem Alkohol« gemeint ist, wird gut verständlich beschrieben und anhand vieler Beispiele und Lebensläufe veranschaulicht. Es richtet sich in erster Linie an die Betroffenen selbst, beinhaltet aber auch Kapitel für die Ehefrau, die Familie und den Arbeitgeber. Es kann bestellt werden bei:
Anonyme Alkoholiker - Literaturversand -, Ingolstädter Str. 68a, 80939 München.

Deutsche Hauptstelle gegen die Suchtgefahren e.V.: Ein Angebot an alle, die einem nahestehenden Menschen helfen wollen. Hamm, 1996.
Es handelt sich hier um eine kleine Broschüre, die speziell für die Angehörigen von Suchtkranken geschrieben worden ist. Man erhält hier viele Informationen über den hilfreichen Umgang mit dem suchtkranken Angehörigen, über Hilfseinrichtungen, Suchtberatungsstellen und Selbsthilfegruppen. Sie erhalten diese Broschüre bei Ihrer Suchtberatungsstelle oder direkt bei:
Deutsche Hauptstelle gegen die Suchtgefahren e.V., Postfach 1369, 59003 Hamm, Tel. 02381-90150.

Gottschaldt, Matthias: Alkohol und Medikamente. Wege aus der Abhängigkeit. Was uns im Leben prägt – Sucht als emotionales Problem; das Oberberg-Modell – ein erfolgreiches Konzept. TRIAS Thieme Hippokrates Enke, 1997.
In diesem Buch wird in gut verständlicher Art viel Wissenswertes über die Alkoholabhängigkeit (aber auch über die Medikamenten-

abhängigkeit) beschrieben. Betroffene und Angehörige lernen die gefühlsmäßigen Grundlagen der Suchtentwicklung kennen. Das »Oberberg-Modell« als modernes, intensives, sehr erfolgreiches Therapiekonzept und damit eine hoffnungsvolle Alternative zu traditionellen Therapieansätzen wird dargestellt.

Mellody, Pia und Miller, Andrea Wells: Wege aus der Co-Abhängigkeit. Ein Selbsthilfebuch. Kösel, 1997.
Anhand von 12 Schritten wird der Leser angeleitet, Co-Abhängigkeit zu erkennen und sich daraus zu lösen.

Moeller, Michael Lukas: Die Wahrheit beginnt zu zweit. Das Paar im Gespräch. rororo, 1998.
Wieder miteinander über die urpersönlichen Gefühle, Bedürfnisse und Wünsche reden zu lernen, das ist vor allem nach einer erfolgten Therapie wichtig. Dieses Buch zeigt, wie man das schafft.

Schaef, Anne Wilson: Co-Abhängigkeit. Die Sucht hinter der Sucht. Heyne, 1998.
Die Co-Abhängigkeit wird veranschaulicht und facettenreich betrachtet. Die Schwierigkeiten der Angehörigen von Suchtkranken, ihre innere Klarheit aufrechtzuerhalten, werden genau beleuchtet.

Schneider, Ralf: Die Suchtfibel. Informationen zur Abhängigkeit von Alkohol und Medikamenten. Röttger, 1994.
Hier bleibt keine Frage zur Abhängigkeit von Alkohol (und Medikamenten) offen. Das Buch enthält Fragebögen (z.B. zur Alkoholwirkung, zur Co-Abhängigkeit), übersichtliche Grafiken (z.B. zum Rückfallverlauf) und wertvolle Übersichten (z.B. über häufige problematische Einstellungen in der Therapie). Es lädt so den Leser immer wieder zur aktiven Auseinandersetzung mit der Suchtthematik ein. Es ist sowohl für die Betroffenen selbst als auch für deren Angehörige empfehlenswert.